# Viermal Wedekind

Methoden der Literaturanalyse
am Beispiel von Frank Wedekinds
Schauspiel ‚Hidalla‘

Vier Vorträge von Helmut Arntzen,
Ernst Nef, Volker Klotz und Wolfdietrich Rasch

Herausgegeben von Karl Pestalozzi und Martin Stern

Ernst Klett Stuttgart

Literaturwissenschaft — Gesellschaftswissenschaft

Materialien und Untersuchungen zur Literatursoziologie
herausgegeben von Theo Buck und Dietrich Steinbach

1. Auflage                    1⁵ ⁴ ³ ² ¹ | 1979 78 77 76 75
Alle Drucke dieser Auflage können im Unterricht nebeneinander benutzt werden. Die
letzte Zahl bezeichnet das Jahr dieses Druckes.
© Ernst Klett, Stuttgart 1975. Nach dem Urheberrechtsgesetz vom 9. Sept. 1965 i. d. F.
vom 10. Nov. 1972 ist die Vervielfältigung oder Übertragung urheberrechtlich geschütz-
ter Werke, also auch der Texte dieses Buches, nicht gestattet. Dieses Verbot erstreckt sich
auch auf die Vervielfältigung für Zwecke der Unterrichtsgestaltung — mit Ausnahme
der in den §§ 53, 54 URG ausdrücklich genannten Sonderfälle —, wenn nicht die Ein-
willigung des Verlages vorher eingeholt wurde. Im Einzelfall muß über die Zahlung
einer Gebühr für die Nutzung fremden geistigen Eigentums entschieden werden. Als
Vervielfältigung gelten alle Verfahren einschließlich der Fotokopie, der Übertragung auf
Matrizen, der Speicherung auf Bändern, Platten, Transparenten oder anderen Medien.
Umschlag: H. Lämmle, Stuttgart
Druck: Ernst Klett, 7 Stuttgart, Rotebühlstraße 77
ISBN 3-12-392200-6

# Inhaltsverzeichnis

Begleitwort . . . . . . . . . . . . . . . . . . . . . . . . . . . . . .  4

*Helmut Arntzen*
Der Ideologe als Angestellter . . . . . . . . . . . . . . . . . . . .  7

*Volker Klotz*
Wedekinds Circus mundi . . . . . . . . . . . . . . . . . . . . . 22

*Ernst Nef*
Der betrogene Betrüger wider Willen . . . . . . . . . . . . . . . . . 48

*Wolfdietrich Rasch*
Das Schicksal des Propheten . . . . . . . . . . . . . . . . . . . 60

# Begleitwort

Die vier in diesem Band versammelten Untersuchungen befassen sich mit einem bisher wenig beachteten Schauspiel Frank Wedekinds. Es gilt als ein Werk des Übergangs, als Verbindungsglied zwischen Wedekinds Utopismus und seiner späteren, sarkastischen Resignation. In der ersten Fassung von 1904 trug es den Titel ,Hidalla oder Sein und Haben'. Die Uraufführung fand am 18. Februar 1905 im Münchener Schauspielhaus statt. Und obwohl die Kritik sich in Verrissen erging, kamen bis Mitte April 23 Aufführungen zustande. Weit größer noch war aber der Erfolg in Berlin, wo Otto Brahm das Drama im Lessingtheater — seltsamerweise als Komödie — ankündigte, inszenierte und 41mal spielen ließ. Im Herbst 1905 ging es schließlich an Barnowskys Kleines Theater in Berlin über. Und dort verkörperte Wedekind selber bis zum Ende der Spielzeit 54mal den Titelhelden. Karl Hetmann wurde so seine meistgespielte Rolle. Und auch sonst hat sich Wedekind persönlich um die Inszenierung gekümmert. Er sorgte dafür, wie sein Biograph Artur Kutscher mitteilt, „daß neben der Gestalt des Helden auch die kleineren Ausmaße seiner Umwelt, besonders die Bilder der Unkultur einer mechanistischen Zeit, in harten Umrissen zum Ausdruck kamen und dem Ganzen geistige Haltung, tiefere Bedeutung gaben" [1].

Wir haben also Grund zu fragen, worin die offenbar schwer zu ermittelnde „tiefere Bedeutung" lag und noch liegt. Hat der Abstand von siebzig Jahren das seltsame Werk nicht verständlicher gemacht? Gibt etwa der von Wedekind für die 5. und 6. Auflage im Georg Müller Verlag gewählte neue Titel ,Karl Hetmann, der Zwergriese (Hidalla)' einen Hinweis? Wie sind die Fragen nach der Gattung — ob Komödie oder Tragödie oder beides — und nach der inneren dramatischen Struktur zu klären? Was ist der Ideen- und Ideologiegehalt? Und worin liegt die Repräsentanz dieses Werkes für jenen Übergangsmoment nach dem Naturalismus und Jugendstil und vor dem expressionistischen Jahrzehnt? Das sind einige der bisher noch weitgehend unbeantworteten Fragen, denen der vorliegende Arbeitsbericht nachgeht.

Die folgenden Beiträge sind alle als Referate entstanden, und zwar für ein am Deutschen Seminar der Universität Basel im Wintersemester 1971/72 durchgeführtes Wedekind-Kolloquium. Es ging dabei nicht nur um Wedekind und seine Zeit, sondern auch um eine Art methodisches Experiment, das, wie die Entwicklung der Methodendiskussion im Fach Germanistik in den verflossenen drei Jahren zeigt, seither an Aktualität kaum etwas eingebüßt haben dürfte.

Der vielberufene Methodenpluralismus, dies war die Hoffnung, sollte für einmal nicht nur aus Verlegenheit betrieben, das heißt nicht bloß als Nebeneinander von jeweils ideologisch oder persönlichkeitsbedingten Techniken der Analyse von Texten hingenommen werden. Sondern es ging den Veranstaltern des Kolloquiums darum, am konkreten Fall ,Hidalla' zu testen, ob sich bei

---

(1) Kutscher, Artur: Wedekind. Leben und Werk. Zum 100. Geburtstag des Dichters bearbeitet und neu herausgegeben von Karl Ude. List Verlag, München 1964, S. 221.

einem derart aspektreichen und komplexen Werk nicht verschiedenartige Annäherungsweisen verbinden ließen, so daß kein Entweder-Oder, sondern ein breiteres Spektrum von Verständnismöglichkeiten das Ergebnis sein würde. Mit Wedekinds Schauspiel glaubten wir ein besonders interessantes Beispiel vielschichtiger Realitäts- und Traditionsbezüge gefunden zu haben, ein Werk also, das nach einer Kombination von sich ergänzenden Betrachtungsweisen in besonderem Maß verlangte. Ob allerdings das Experiment geglückt ist, wie die sehr wohlwollende Presse-Kritik der Baseler Veranstaltung damals meinte, soll nun ein größeres Leserpublikum überprüfen.

Doch vielleicht ist zum Verständnis der Anlage unseres Versuches noch etwas beizutragen: Die genannte Komplexität von Wedekinds Drama zwischen den Epochen, Gattungen und Ideologien ergibt sich für den Leser natürlich vor allem dann, wenn seine Fragen an den Text über den werkimmanenten, thematisch-strukturellen Rahmen hinauszielen und auch die gesamtkulturelle Situation und deren seitherige Entwicklung mit bedenken. Dies war von Anfang an eine Voraussetzung des Kolloquiums, was aber wiederum nicht bedeuten sollte, die individuellen Entstehungsbedingungen des Werkes, die Struktur von Wedekinds Einbildungskraft, seine stofflichen Quellen und seine Schaffensweise wären etwa darob zu vernachlässigen. Dennoch ist dies vielleicht der hier am wenigsten zur Geltung kommende Aspekt, der aber andererseits wohl auch am leichtesten vom Leser selbst erarbeitet werden kann, so wie durchwegs eine genaue Textkenntnis vorausgesetzt werden muß.

Die vier Referenten wurden um die Konzentration auf je einen der von uns genannten Aspekte gebeten, sind also für allfällige Einseitigkeiten nicht allein verantwortlich. Sie wurden als Literaturwissenschaftler eigenen Profils, das wir aus ihren bisherigen Arbeiten kannten, eingeladen, sollten aber durchaus nicht nur eine Rolle übernehmen, sondern den Befund wenn immer möglich auch mit ihrer eigenen Überzeugung zur Deckung bringen. Wir möchten den Beteiligten an dieser Stelle nochmals danken, daß sie dieses etwas ungewöhnliche Spiel willig und engagiert mitmachten, und auch dafür, daß sie sich bis zum lange verzögerten Druck der Referate geduldeten.

Die vier Referenten, deren Texte hier in alphabetischer Reihenfolge erscheinen, wurden um die Berücksichtigung vor allem der nachstehenden Aspekte ersucht: Helmut Arntzen, ideologiekritischer Aspekt; Volker Klotz, dramaturgisch-soziologischer Aspekt; Ernst Nef, anthropologisch-philosophischer Aspekt; Wolfdietrich Rasch, zeit- und kulturgeschichtlicher Aspekt.

Mit dieser Information ausgerüstet, dürfte der Leser des Bändchens in der Lage sein, das Ergebnis nun selber zu beurteilen und vielleicht auch generell Chancen und Grenzen ähnlicher Experimente in anderem Rahmen und zu anderen Themen abzuwägen.

Noch einmal sei betont: Die Sache wäre mißverstanden, wenn aus der eher zufälligen Vierzahl irgendein Vollständigkeitsanspruch abgeleitet würde. Er lag uns fern. In der längst säkularisierten Literatur unserer Zeit kann es nicht darum gehen, einer einzigen Methode alleinseligmachende Kraft oder Wahrheit zuzusprechen; es sei denn, man verzichte auf die Erkenntnis, daß jede Position eine geschichtlich gewordene und daher wandelbare bleibt. Es wäre daher auch verfehlt, nun von der Vierzahl der versammelten Vorträge so etwas wie eine totale Auslegung des Textes gemäß dem vierfachen Schriftsinn zu erwarten. Auch ein Autoren-Kollektiv setzt sich zusammen aus Zeitgenossen, und selbst bei gegensätzlichen Standpunkten unterstehen alle den Bedingungen ihres Augenblicks.

Was es jedoch zu fördern gilt, das ist — wie es schon Fichte im ‚System der Sittenlehre‘ § 29 sagte — die Belebung des „Geistes der Untersuchung", das Bewußtsein der Vielfalt der möglichen Annäherungs- und Betrachtungsweisen, welches der Vielschichtigkeit und dem Reichtum der zu untersuchenden Wirklichkeit des dichterischen Textes entsprechen soll.

Den Herausgebern von ‚Literaturwissenschaft — Gesellschaftswissenschaft‘ sowie dem Ernst Klett Verlag danken wir für die freundliche Aufnahme in diese Reihe.

Basel, Januar 1975                                                    Martin Stern

*Helmut Arntzen*

## Der Ideologe als Angestellter *

„Während der Vorstellung kam mir immer wieder der Gedanke: Ist es richtig, dieses Stück heute wieder aufzuführen? Könnten nicht so manche Zuschauer pharisäisch an die Brust schlagen: ‚Darüber sind wir doch längst hinaus!‘ und andere, vermutlich viel weniger, sagen: ‚Auf so teuflische Ideen konnte doch auch damals nur so ein überspannter Freigeist kommen!‘ Erst das unerhört großartige Spiel von Ernst Schröder und Lieselotte Rau zwingt zu einer Auseinandersetzung eigener Art, von sozialkritischen Wortfechtereien kommt es schließlich zur echten menschlichen Tragödie, dafür sei beiden Dank!“ [1]

Diese Stimme aus dem Publikum, abgedruckt im Programmheft zur Berliner Lindtberg-Inszenierung von ‚Hidalla‘, das Wedekind seit der 5. und 6. Auflage ‚Karl Hetmann, der Zwergriese (Hidalla)‘ nannte, faßt die Verlegenheit des heutigen Zuschauers wie des heutigen Lesers recht genau, wenngleich der Reim, den sie sich auf das Dilemma zu machen sucht, fragwürdig genug ist: sich nämlich an das genußbringende Spektakel zu halten, wenn man mit dem Problem, das das Stück ist, nicht fertig wird. [2]

Eine Seite dieses Problems zeigt die Meinung, das Stück handle von Erledigtem, und zweifellos spricht dafür vieles. Der Sekretär eines zumindest merkwürdigen Vereins versucht sich mittels eines Kongresses, den dieser Verein veranstaltet, in der Gesellschaft zu etablieren. Kurz vor dem Kongreß wird er wegen eines Zeitschriftenartikels zu einem halben Jahr Gefängnis verurteilt. Ein Jahr nach der Entlassung kommt er plötzlich auf den Gedanken, sich für die Ziele des Vereins von einer provozierten Volksmasse lynchen zu lassen. Das gelingt ihm nicht, da ihn der ehemalige Vereinsvorsitzende der tobenden Menge gegenüber für verrückt erklärt. Er kommt zur Untersuchung in eine Nervenheilanstalt, wird nach einem halben Jahr als geistig gesund entlassen und beginnt der Werbung einer jungen Frau, die ihn liebt, nachzugeben. Da erscheint ein Zirkusdirektor, der ihn auf Empfehlung eines Theateragenten als dummen August engagieren will. Unter dem schockhaften Eindruck dieses 'Angebots' erhängt er sich.

* Zuerst erschienen in: Arntzen, Helmut: Literatur im Zeitalter der Information. Aufsätze, Essays, Glossen. Reihe Athenäum Paperbacks Germanistik, hrsg. von Willi Erzgräber, Iring Fetscher, Reinhold Grimm, Walter Hinck, Klaus von See, Bd. 5. Athenäum Verlag, Frankfurt a. Main 1971. Hier abgedruckt mit freundlicher Genehmigung der Akademischen Verlagsanstalt Athenaion.
Zitiert wird nach der Ausgabe Wedekind, Frank: Ges. Werke. Bd. 4. München 1920. (Seitenzahl.)
(1) Die Kritik des Publikums. In: Schloßparktheater [Berlin] 1970/71. Heft 213.
(2) Die Verlegenheit des zeitgenössischen Zuschauers war allerdings auch nicht geringer: „unglückliche Posse“ oder „unverfälschte(n) Tragödie“ seien die Urteilspole, schrieb schon 1909 Julius Kapp. (K., J.: Frank Wedekind. Seine Eigenart und seine Werke. Berlin 1909. S. 71.)

Dies ist, nicht sehr verfremdet, der Hauptstrang des Geschehens, vor dem man zunächst durchaus achselzuckend steht. Doch nicht nur *wir* sind längst darüber hinaus, das, was Hetmann begegnet, als Katastrophe zu erleben, also die Zwischenfälle eines Lebens oder die Anlässe dafür sehr ernst zu nehmen — schon Wedekinds Keith legt nach seinem Bankrott den Revolver mit den Worten beiseite: „Das Leben ist eine Rutschbahn..." [3]
Die von der Publikumsstimme zitierte imaginäre zweite Zuschauerreaktion (wie vermutet wird, schwächer als die erste, aber sich entschiedener als diese an das Stück als Bekenntnisdrama haltend und das Bekenntnis ablehnend) hilft uns, selbst wenn wir bereit wären, auf die Ideen des „Freigeistes" positiv zu reagieren, auch nicht aus der Verlegenheit. Der Freigeist teilt im ersten Akt mit, er habe eine neue Moral geschaffen, eine Opfer fordernde Moral „für die *Reichen*", deren „höchstes Gebot die *Schönheit* ist" (205). Für die Ausbreitung dieser Moral hat er den „Verein zur Züchtung von Rassemenschen" (204) gegründet, als dessen Sekretär er fungiert. Die Verhaftung Hetmanns im zweiten Akt geschieht wegen eines Aufsatzes mit dem Titel „Über das Liebesleben in der bürgerlichen Gesellschaft im Vergleich zu demjenigen unserer Haustiere" (211 et passim). Im dritten Akt erläutert er einerseits die neue Moral noch einmal als Moral für die Reichen, spricht dann aber vom „nächste[n] Freiheitskampf der *Menschheit*" [4] „gegen den *Feudalismus der Liebe*" (238). „Drei *barbarische[n] Lebensformen*" (237) kennzeichneten bis heute die Gesellschaft: die aus der Gesellschaft ausgestoßene Dirne, das um sein Liebesleben betrogene alte Mädchen und das junge Mädchen als unberührtes seien deren Opfer. Aber weder von den Reichen noch von den Frauen, noch von der Jugend habe er Zustimmung erfahren. Im vierten Akt wird eine Provokation erwähnt, die im Angriff des häßlichen Hetmann auf seine Zuhörer wegen deren Häßlichkeit bestanden habe. Eine noch stärkere Provokation, nämlich das moralische Postulat der Unberührtheit der Unverheirateten eine Vergötterung der Selbstverachtung zu nennen, ist die letzte programmatische Äußerung Hetmanns. Im fünften Akt spricht der Professor Brühl dann vom Hetmannismus, als handle es sich um eine geschlossene Ideologie. — Ob überspannter oder idealistischer Freigeist, ob teuflische Ideen oder die eines Weltverbesserers: das, was Hetmann verkündet, ist passé, und es ist nicht einmal ein Bekenntnis, dessen Klarheit immerhin noch Eindruck machen könnte. Einerseits Moral für die Reichen, andererseits Befreiungskampf der ganzen Menschheit, einerseits Opfer, andererseits Genuß, einerseits Züchtung von Rassemenschen, andererseits Mitleid mit den alten Mädchen — dieser bis zur Widersprüchlichkeit gehende Synkretismus von Wedekindschen, Nietzscheanischen und sonstigen lebensphilosophischen Anschauungen würde wohl selbst den noch heute Entrüsteten bei näherer Betrachtung rasch abkühlen lassen. Geht es also nur um eine historische

---

(3) Wedekind, Frank: Der Marquis von Keith. In: F. W.: Ges. Werke. Bd. 4. [Anm. *], S. 98.
(4) Hervorhebung von mir, H. A.

Angelegenheit, sicher interessant für die Erkenntnis der Zeit um 1900, für Wedekinds Meinungen und die Wandlungen dieser Meinungen — oder allenfalls um einen theatralischen Anlaß für das „großartige Spiel" von Mimen, die an Rollen interessiert sind?

Wenn eine der Fragen an die Germanistik, wie sie ja in den letzten Jahren immer heftiger erhoben wurden, berechtigt war, dann war es die nach der Bedeutung ihrer literarischen Gegenstände für unser heutiges Bewußtsein. Diese Frage war darum berechtigt, weil die literarischen Texte in der wissenschaftlichen Darstellung zu sehr zu biographischen oder geistesgeschichtlichen Dokumenten stilisiert wurden oder aber eine Ästhetik der literarischen Immanenz zu exemplifizieren hatten, die allenfalls auf sehr abstrakte Weise der geschichtlichen Realität sich vermitteln ließ. Nur ist es das Elend dieser im Ansatz berechtigten Polemik, daß alsbald eine komplette Antwort auf diese Frage in dem Postulat gefunden wurde: Literatur solle Anweisungen für gesellschaftliches Verhalten geben.

Diese Antwort verdeckt nämlich gerade die Frage in der Frage, die sich der Bedeutung der Werke für unsere Gegenwart zu vergewissern sucht, indem sie sich nach der spezifischen Art erkundigt, in der Kunst im allgemeinen, Literatur im besonderen ihre Bedeutung artikuliert, und zusieht, ob und wie sich diese Bedeutung in dieser Artikulation vielleicht überhaupt erst herstellt. Denn in der Tat kann es als Antwort auf die Frage nach der Bedeutung eines literarischen Gegenstandes nicht genügen zu sagen, daß dies etwa ein gelungenes fünfaktiges Drama in geschlossener oder offener Bauform sei oder daß die Programmatik Hetmanns typisch für Wedekinds Auffassungen um 1904 seien oder daß es brennende Probleme von vorgestern enthalte.

Die Frage nach der Bedeutung, richtig gestellt, bringt zunächst an den Tag, daß wir, wenn wir uns nicht einem ästhetizistischen Historismus oder Dichtungsverständnis überlassen wollen, sehr rasch bei einem älteren literarischen Text auf einen Widerstand stoßen, an den die Publikumsstimme in der Formulierung erinnert: „Ist es richtig, dieses Stück heute wieder aufzuführen?" Dieser Widerstand baut sich in der Erfahrung von der rettungslosen Vergangenheitsverfallenheit all der Elemente eines Werkes auf, die wir als Oberflächenstruktur begreifen können, also der biographischen und historischen Beziehungen, der ideologischen Komponenten, dessen, was für die Zeitgenossen zentrale Handlungsmomente waren usw., ja auch solcher Elemente übrigens, die als isolierte plötzlich noch oder wieder Wirkung entfalten können.

Andererseits ist aber das, was die Tiefenstruktur des Werkes genannt werden mag, nur zugänglich über, ja in der Oberflächenstruktur, die auf ihr Metaphorisches im weitesten Sinn untersucht werden muß, nicht aber zugunsten eines scheinbar unmittelbaren Zugriffs auf den wahren Gehalt beiseite gelassen werden kann. So läßt sich, ohne über die Spezifika der Oberflächenstruktur wenigstens einigermaßen informiert zu sein, auch nicht über die Tiefenstruktur eines literarischen Textes irgend etwas Verbindliches sagen, doch weicht man andererseits der erwähnten Frage nach der Bedeutung aus, wenn man bei jenen hal+macht.

Bei dem Stück von Wedekind entschloß sich die Stimme aus dem Publikum, ihren offenbaren Mangel an Information dadurch zu bewältigen, daß sie das Schauspiel zu einer Spielvorlage für Mimen erklärte (was Wedekind besonders unangenehm gewesen wäre). Doch kann auch der Informiertere nicht behaupten, allein schon wegen seiner Kenntnisse in der Lage zu sein, einen literarischen Text aufzuschließen.[5] Im Gegenteil: die Arbeit beginnt eigentlich erst hier.

Beginnen wir mit einer Bemerkung, die noch einmal an die Berliner Aufführung, nämlich an die Vorstellung erinnert, die ich besucht habe. Irgendwann gegen Ende des Stücks reagierte das Publikum mit einigem Kichern auf den zehn- bis fünfzehnmal sich wiederholenden Vorgang, daß auf der Bühne ein Besucher angemeldet wird oder an die Tür klopft. Das fiel dem Publikum mit Recht auf, aber es vermochte wahrscheinlich weiter nichts damit anzufangen, denn es als komisch wirkendes dramaturgisches Moment zu registrieren. Nun könnte man versuchen, von hier einen ersten Zugang zu der möglichen Bedeutung dieses so überholt wirkenden Stückes zu finden.

Nach Günter Seehaus begrüßte die zeitgenössische Presse durchweg die gegenüber früheren Stücken Wedekinds „strengere Form" des Dramas[6], während Kutscher bemerkt, daß ‚Hidalla' im ersten Teil „keineswegs bedeutend", daß die Auftritte von Anfang an zumeist „sehr leicht gezimmert" seien, daß Hetmanns Auftritt „ganz äußerlich [...] angelegt" werde und daß „das Kommen und Gehen wie in einem Taubenschlag" ablaufe.[7] Die Kritiker also finden, daß das Stück ihren Normen vom Bau eines Dramas weitgehend entspreche, Kutscher findet seine Normvorstellungen hier nicht realisiert. Die Kritiker scheinen mir etwas falsch gesehen, und Kutscher scheint mir, was er richtig gesehen, falsch gedeutet zu haben. Denn es ist wohl offensichtlich, daß es im Sinne des Theaters um 1900 zwar konventionell und effektvoll ist, aber nicht gerade eine strenge Bauart verrät, wenn der Auftritt Hetmanns, der sich als Sekretär seines Vereins vorstellen läßt, an der Stelle steht, da Launhart und seiner Umgebung nichts Rechtes als Tätigkeitsgebiet für das Institut für Sozialwissenschaft einfällt. Nun könnte aber nichtsdestoweniger diese dramaturgische Konvention, die sich häufig in dem Stück findet, etwas zu bedeuten haben. Einmal finden wir dafür einen Anhalt in Wedekinds Bemerkung, er wolle in ‚Hidalla' „wirkliches Leben vor[...]täuschen" (im ‚Keith' dagegen „wirkliches Leben [...] gestalten").[8]

Täuschte nicht die Dramaturgie des Boulevardstücks, das im 19. und am Anfang des 20. Jahrhunderts für den Theaterspielplan der mitteleuropäischen

(5) So könnte sich z. B. eine ideologiehistorische Betrachtung nicht einmal auf das Stück als auf eine vom Autor intendierte Mitteilung seiner Ideologie beziehen: „Keiner Person in meinen Stücken habe ich jemals meine eigenen Überzeugungen in den Mund gelegt." (Wedekind, Frank: Begegnung mit Josef Kainz. In: F. W., Ges. Werke. Bd. 9. München 1921. S. 373.)
(6) Seehaus, Günter: Frank Wedekind und das Theater. München 1964. S. 528.
(7) Kutscher, Artur: Frank Wedekind. Sein Leben und seine Werke. Bd. 2. München 1927. S. 175.
(8) Wedekind, Frank: Ges. Briefe. Hrsg. von F. Strich. Bd. 2. München 1924. S. 344.

Bühnen so wichtig war, Leben vor, indem sie bestimmte, für den Effekt
wichtige Techniken so einsetzte, als ergäben sich dadurch Zufälle, wie sie das
Leben spielt? Wedekind jedenfalls exponiert sein Schauspiel wie ein Boulevardstück. Es beginnt in einer konventionellen Theaterdekoration — „Garten bei
einer Villa" (189) —, die Wedekind so wiedergegeben wissen wollte, wie sie
in der Regiebemerkung angegeben ist.[9] Launhart und Gellinghausen reden
über ein Geschäft, zu dem dieser das Geld und jener nichts als seinen Namen
beiträgt. Die Komik dieser Situation wird gesteigert durch den die Miete an-
mahnenden Hausbesitzer, der „nicht das Geld dazu" hat (190), in seinem Eigen-
tum zu wohnen, während Launhart, der die Miete nicht bezahlen kann, behauptet, es zu haben. Ein Hochstapler und ein reicher Naiver — das kann
einen hübschen plot geben.

Die häßliche Berta, die für die Frauenbewegung eintritt, kontrastiert mit der
schönen Fanny, die mit ihrem Verlobten Gellinghausen beim Wiedersehen
eines früheren Verhältnisses wegen einen Streit bekommt — das scheint eine
pikante Verwicklung zu ermöglichen.

Etwas merkwürdig mag es unter diesem Gesichtspunkt nur wirken, daß
Wedekind es sogleich zum völligen Bruch der Verlobten kommen läßt, ja daß
er Fanny den pathetischen Ausruf zuweist, als Gellinghausen über ihre ver-
lorene Virginität nicht hinwegkommt: *Das* also war die — *Hauptsache* an
mir?! [...] *Als wäre man ein Stück Vieh!*" (200 f.) Aber etwas 'moderne Problematik' gehört durchaus zum Boulevardstück, und andererseits scheint Launhart gleich für die richtige Perspektive zu sorgen, in der der Vorfall zu sehen
ist: „Sie haben sich hier eben mit Ihrer Braut gezankt", erklärt er Gellinghausen, „wie das unter Liebenden allgemein Sitte ist. In einer Stunde sinken
Sie einander wieder selig in die Arme..." (202) In der Tat setzen sich beide
nach einigem Sträuben und Zögern mit Launhart und Berta wieder zusammen
und beraten über die Aufgaben, die das von Launhart und Gellinghausen ge-
gründete Institut haben soll. Eine Bemerkung Fannys ergibt einen Theater-
scherz: Die schöne Fanny ist plötzlich, nach ihrem Auftritt mit Gellinghausen,
für die Frauenbewegung wie die häßliche Berta. „Launhart: So! Also doch!
— Sehen Sie, Herr Gellinghausen, da haben wir also schon etwas dadurch gewonnen. —" (203) Dieser Scherz leitet über zu dem Stichwort für die Szene,
auf die der Zuschauer wartet: die Szene der Anfangsüberraschung. Ein ziemlich
merkwürdiges Unternehmen ist gegründet worden, die Beteiligten harmonie-
ren weder persönlich noch sachlich miteinander, sie kommen nicht weiter. Da,
pünktlich, kommt der Laufbursche Fritz mit einer Karte: ein Fremder stehe
vor der Tür, kein unidentifizierbarer, sondern einer, der sofort als ein Witz
erscheint: der „Sekretär des Internationalen Vereins zur Züchtung von —
Rassemenschen" (204). Einen Fremden so auftreten zu lassen, daß dadurch das
Spiel in Gang gesetzt wird, ist ein dramaturgischer Trick, den sich das Unterhaltungstheater von Kotzebues ‚Kleinstädtern' über Schönthans ‚Raub der
Sabinerinnen' bis ins 20. Jahrhundert zunutze gemacht hat, aber auch die litera-

(9) [Anm. 8], S. 343 f.

rische Komödie, z. B. Gogols ‚Revisor'. Daß dessen Auftritt überdies komisch wirkt, ist nicht ungewöhnlich, es steigert im Gegenteil den Effekt. Zwischen Bühne und Zuschauerraum kann Übereinstimmung herrschen: ein „Witzbold" oder ein „Hansnarr" (204) — ein Spiel komischer Situationen kann erwartet werden.

Insofern Wedekind ein Boulevardstück oder eine Boulevardkomödie zu exponieren scheint, wird das Diktum, er habe wirkliches Leben vortäuschen wollen, zunächst einmal von der Dramaturgie des Stücks her verständlich. Aber nun geschieht etwas, was einer solchen Dramaturgie nicht entspricht. Launhart, eben noch der erste, der den angekündigten Fremden einen Witzbold nannte, antwortet auf Bertas Forderung, den Hansnarren nicht ernst zu nehmen, also ein Spiel mit ihm zu inszenieren: „Hansnarren nehme ich verteufelt ernst! Mit Hansnarren macht man *bessere* Geschäfte als mit Philosophen!" (204) Die Sprache ist so drastisch wie klar, sie kündigt etwas strukturell Neues an, das dem Boulevardstück, der konventionellen Unterhaltung geradezu sich entgegenstellt. Denn herein kommt, schief gewachsen, unansehnlich, „glattrasiert, zahnlos, mit dünnem Haar und großen, von Leidenschaft sprühenden Augen", „schlicht, aber sorgfältig und sauber gekleidet" (204), Karl Hetmann.

Nachdem er Launhart von der Existenz seines Vereins durch Bankauszüge überzeugt hat, beginnt er von der Moral der Schönheit zu sprechen. Wenn auch sofort von seinen Worten eine starke Wirkung auf die Anwesenden ausgeht, vor allem auf Fanny, so braucht der Zuschauer natürlich weder Launharts Haltung noch die der übrigen zu akzeptieren, sondern kann Hetmann für die Karikatur eines Ideologen halten. Wir müssen, um genauer beurteilen zu können, ob der Beginn des Stücks als Boulevardkomödie, als Unterhaltungstheater und der Bruch mit dieser Struktur mehr ist als wiederum ein komödiantischer Einfall Wedekinds, nach der Figur Hetmanns fragen, d. h. danach, ob er uns im Stück nur als komisch wirkender Sektierer entgegentritt, aber auch, worin die Reaktion Launharts wie die analogen der anderen Personen, die ihn ja auch mehr und mehr ernst nehmen, begründet sein könnte.

Von den widersprüchlichen oder doch zumindest nicht sehr homogenen Grundthesen des „Hetmannismus" hatten wir schon gesprochen. Hetmann expliziert im Stück freilich nicht nur seine jetzige Programmatik, sondern er erzählt mehrfach von seiner Vergangenheit und spricht von seinen persönlichen Wünschen.

Gleich nachdem er im dritten Akt bereits resignativ eine absolute Arbeitsethik für sich selbst formuliert — „Trotzdem wünsche ich nur noch, diese Arbeit beendigen zu können. Nachher komme ich nicht mehr für mich in Betracht" (232) —, hört Fanny ganz andere Töne von ihm: die eines Postulats nach absolutem Hedonismus: „Als wäre ich je in meinem Leben auf etwas *anderes* als nur auf den Genuß ausgegangen! Seit ich zu denken begann, kämpfe ich um *Erhöhung* meines Lebensgenusses!" (232)

Der Antrieb seines Handelns ist also nicht ideologischer Art, sondern der Wunsch nach einer Selbstverwirklichung durch Genuß. Aber indem er sich so nachdrücklich darum bemüht, scheint es ihm alsbald wie Scholz im ‚Marquis von Keith' zu gehen, der ein „Genußmensch" ist und nie zum Genuß kommt. „Aber mir scheint, ich bin am Ende. Nicht einmal Unterhaltung bietet die Welt mehr! — —" (232) Doch sucht Scholz nur aus „Pflichtgefühl" „den rein materiellen Genuß" [10] auf, ist es ihm „bei all den Genüssen darum zu tun [...], ein nützliches Mitglied der menschlichen Gesellschaft zu werden" [11], so geht es Hetmann einerseits wie Keith: er ist als Krüppel zur Welt gekommen und will dennoch wie dieser nicht auf den „allerergiebigsten Lebensgenuß" verzichten [12]; doch glaubt er, anders als Keith, dazu nur zu kommen, wenn er der menschlichen Gesellschaft seine Dienste anbietet, wie er „bescheiden und sachlich" (216) der Fürstin Sonnenburg erklärt. Hetmann sieht ein, gezwungen durch seine Situation als häßlicher und als armer Mann, daß er nur durch Assimilierung zur persönlichen Erfüllung gelangen kann. So kommt er, „ein Dutzendmal" aus der menschlichen Gesellschaft ausgestoßen (216), immer wieder zurück, um ihr seine Dienste anzubieten. Er meint dies sichtlich ganz ernst und geht davon aus, daß es letztlich nur von der Qualität dieses Dienstes, von der Substanz seiner Gedanken abhänge, ob die „Menschheit", von der als der Gesellschaft in abstracto er bezeichnenderweise spricht, ihn letztlich doch akzeptiere oder nicht. Die Selbstverwirklichung soll also, theoretisch durchaus richtig, erreicht werden durch eine soziale Leistung. Nur reflektiert Hetmann nicht, daß die Gesellschaft, der er seine Dienste anbietet, nicht die Menschheit ist, sondern eine, die ein Angebot nur in Zusammenhang mit einer dem Angebot entsprechenden Nachfrage interessiert: also eine Gesellschaft „von Handeltreibenden" [13].

Hier beginnt sich aus dem Boulevardstück zunächst ein Drama in Hetmanns Bewußtsein herauszuschälen. Denn wiewohl er weiß, daß er auf andere Gedanken gekommen ist, als man sie „in der bürgerlichen Gesellschaft hegt", identifiziert er diese mit der Menschheit, und wiewohl sein Kampf immer schon einer um die *Behauptung* in der bürgerlichen Gesellschaft war, interpretiert er ihn als einen Kampf „mit den Elementen" (216). Der Idealist Hetmann schätzt die gesellschaftliche Realität nicht realistisch ein, sondern interpretiert sie willkürlich entsprechend seinen Vorstellungen und akzeptiert dann ohne Bewußtsein dessen die gesellschaftlichen Bedingungen. So gründet er einen Verein, er bildet ein Vereinsvermögen, er sorgt durch die Bestellung eines Großmeisters für eine attraktive Mystifikation (214), und vor allem macht er aus der Idee vom Lebensgenuß, die sich in seinem persönlichen Willen zum Lebensgenuß realisieren sollte, eine konsumable Ideologie: eine Moral der Schönheit für Reiche. Obwohl er also seine Dienste an der Gesellschaft der gegenwärtigen Gesellschaftsstruktur bedingungslos anpaßt, meint er, seine Idee und sein Wollen rein bewahren zu können, eine geradezu paradoxe Bemühung. Das zeigt sich besonders darin, daß zwar seine Moral der Schönheit eine Mo-

---

(10) Wedekind, Frank: Der Marquis von Keith. [Anm. *], S. 22.
(11) [Anm. *], S. 75.
(12) [Anm. *], S. 18.
(13) Nietzsche, Friedrich: Morgenröte. Gedanken über die moralischen Vorurteile. In: F. N.: Werke. Hrsg. von K. Schlechta. Bd. 1. München 1954. S. 1131.

ral für Reiche sein soll, aber derart, daß die Reichen „das Wagnis [. . .] einer neuen Denkungsart [. . .] dem Bewußtsein eines gesicherten Besitzes vorziehen" (237). Daß der *Stolz der begüterten Menschheit"* (237) darin liegt, begütert zu sein, und nicht, eine neue Denkungsart zu gewinnen, ist für Hetmann erstaunlich, obwohl er doch sofort weiß, daß Launhart, dem er sich anvertraut, weil er ihn für reich hält, durch sein Wesen für eine Mitgliedschaft in seinem Bunde nicht in Frage kommt, während er bei Fanny, die er vom Anfang seines ersten Auftritts an „in ganzer Figur vor Augen hat" (204), von deren Vermögen aber nie die Rede ist, nicht zweifelt, daß sie „zu den Unsern gehören" wird (209). Der Widerspruch in Hetmanns Intention ist von Anfang an eklatant. Dieser Widerspruch von abstrakter Reflexion und blindem Tun bildet die Bedingung der Möglichkeit der Katastrophe Hetmanns, die bereits mit seinem Eintritt bei Launhart beginnt. Denn nimmt Hetmann die bürgerliche Gesellschaft in der Weise ernst, daß er sie in seiner Vorstellung zur Menschheit stilisiert, so nimmt Launhart den Hansnarren Hetmann ernst, verteufelt ernst in der Weise, daß er in ihm einen gut manipulierbaren Geschäftspartner erkennt. Ohne daß Hetmann etwas davon merkt, beginnt Launhart sich der Dienste Hetmanns zu vergewissern: „Nun sagen Sie mal, was bezweckt denn der Verein eigentlich?" (205) „Sagen Sie mal, wo lebt denn Ihr Großmeister? Was treibt er? Wie heißt er? Wie kann man ihn kennenlernen?" (206) „Die Geschichte interessiert mich im höchsten Maße! Aber wollen Sie mir nicht vielleicht Ihr Programm auseinandersetzen?" (207) Kurz darauf erwägt Launhart bereits, wie die Polizei sich zu den Aktivitäten Hetmanns und seines Bundes stellen könnte, und er sieht sofort auch in deren Widerstand Vorteile: „Übrigens ließe sich die Einmengung der Behörden ja vielleicht auch ganz geschäftlich verwerten." (207)

Im Gegensatz zu Hetmann ist Launhart derjenige, der seine Situation als Situation in einer Gesellschaft von Handeltreibenden realistisch einschätzt. Wedekind sieht nicht im Kapitaleigner den eigentlichen Repräsentanten der Epoche, wie Gellinghausen, der naive Reiche, zeigt, sondern im Kapitalmanipulator, im Manager, dessen Genese und dessen Handeln im ersten Akt paradigmatisch vorgeführt werden. Launhart ist am Anfang des Stücks nach den Maximen der Gesellschaft ein Außenseiter wie Hetmann, weil er ein hochstapelnder Habenichts ist. Aber er verhält sich im Gegensatz zu Hetmann sofort realitätsgerecht, wenn er den Hauseigentümer ohne Miete wegschickt mit der Behauptung, er habe das Geld dazu, in dessen Haus zu wohnen. Das ist im Augenblick noch eine Lüge, aber als Realist hinsichtlich dieser Gesellschaft ist Launhart nicht nur ein Habenichts, sondern ein entschiedener Wiekomm-ich-an-was. Darum ist es dramaturgisch durchaus sinnvoll, daß Gellinghausen schon bereitsteht, ihm das Geld zu liefern, das aus der Lüge Launharts Wahrheit macht.

Launhart stimmt ganz mit den Prinzipien dieser Gesellschaft überein. Die bestehen eben weder darin, wie der kleine Besitzende Waldbauer zu sparen, noch darin, sozialen Nutzen zu stiften, wie der Kapitalist Gellinghausen es zu tun meint, sondern darin, Kapital zu vermehren und — denn erst die

Kombination ist das Entscheidende — die Kapitalvermehrung als sozial förderlich zu interpretieren, d. h., Kapitalvermehrung selbst zu ideologisieren. Darum kommt es zu der grotesk wirkenden Gründung eines „Internationalen Instituts für Sozialwissenschaften", das gleichzeitig eine Firma ist, die Profit machen soll.

Der Manager Launhart weiß, daß Kapitalgewinnung und Profit eher funktionieren, wenn das Geschäft selbst ideologisch erscheint und ihm nicht erst die Ideologie appliziert werden muß. Nur hat er als Manipulator die Ideologie selbst nicht parat, er kann sie nur, sobald sie zur Verfügung steht, benutzen. Und genau in dem Augenblick, da es um die ertragreiche Ideologie geht, kommt Hetmann, der Hansnarr, der ihm aber nicht bloß die Ideologie als Überbau liefert, sondern als geschäftliche Grundlage: sie ist in einem das Geschäft und dessen Rechtfertigung.

Wedekind nannte sein Stück im Untertitel der ersten Auflage ‚Sein und Haben'. Der Titel gibt das Thema sehr genau an, doch suggeriert er ein Mißverständnis: das von der Auseinandersetzung zweier gleich starker Positionen, also eines Dramas im überkommen Sinn. Da Hetmann aber im Gegensatz zu Launhart kein deutliches Bewußtsein von seiner Situation hat, da er meint, sein ideelles Wollen, das mit seiner Existenz übereinstimmt, verwirklichen zu können, indem er sich der realen gesellschaftlichen Situation anpaßt, erweist sich das Drama bereits vom Ende des ersten Aktes an als dessen Parodie, wird das Boulevardstück (als reflektiertes nämlich) zum wichtigen dramaturgischen Vehikel der Darstellung fiktiver Auseinandersetzung.[14] Je mehr Hetmann glaubt, in der Gesellschaft autonom zu handeln, ja sein Wollen zum allgemeinen machen zu können, um so mehr wird er zum Funktionär Launharts. Schon am Ende des ersten Aktes muß er mit der Vorstellung Morosinis eine erste Niederlage einstecken: der Großmeister, „der in seiner Erscheinung alle Vorzüge in sich vereinigt, durch die ein Mensch sich auszeichnen kann" (207), wird bei seinem ersten Auftritt sogleich als derjenige eingeschätzt, der er ist: als erledigter Baß-Bariton.

Das schadet zwar den Geschäften nicht im geringsten, und Hetmann rückt als Markenname selbst nur um so deutlicher in den Mittelpunkt des Interesses, aber es ist der Beginn der ständig mißlingenden Versuche, den Dienst an der Gesellschaft durch Verbreitung seiner Ideen zu realisieren und so die Identität des eigenen und des allgemeinen Wollens zu erzwingen. Nicht *was* Hetmann lehrt, ist zum Verständnis des Stückes darum primär wichtig, sondern wie seine (wie irgendeine andere) Lehre zur Funktion *dieser* Gesellschaft wird.

Die Vorbereitungen zu dem Kongreß des Bundes im zweiten Akt führen zur nächsten Niederlage Hetmanns. Aber nicht, weil der Kongreß wegen der Verhaftung Hetmanns nicht stattfinden kann, sondern weil Hetmann überhaupt nicht sieht, wie seine Tätigkeit bereits als Teil der Launhartschen Ge-

---

(14) Aus ganz ähnlichen Gründen schreibt Musil seinen ‚Vinzenz' als Posse. S. meinen Aufsatz ‚Wirklichkeit als Kolportage'. In: A., H.: Literatur im Zeitalter der Information. [Anm. *], S. 314 f.

schäfte funktioniert. Wieder glaubt Hetmann, ohne daß dies Folgen für seine Ideen haben müsse, sich den Bedingungen dieser Gesellschaft anpassen zu können. Der Kongreß soll ihm Gelegenheit zur öffentlichen Rede geben, die den „Gewinn" von „*Menschenseelen*" (212) zum Ziel hat. In der Rede, in der seine „Lehren in [. . .] begeisterte[r] Sprache" (211) verkündet werden, soll die Vermittlung in Unmittelbarkeit umschlagen, der eigene mit dem Willen der Zuhörer übereinkommen. Aber schon insofern es sich um einen Kongreß handelt, also um eine dieser Gesellschaft entsprechende Veranstaltungsform, sind die zentralen Interessen dieser Gesellschaft zu berücksichtigen, die Launhart vertritt. Für Launhart ist der Kongreß natürlich eine geschäftliche Spekulation. Reden als sozusagen spontane Vermittlung bedeuten noch wenig. Mit Vorträgen verdient man „sich ein warmes Abendessen" (212), mit dem Abdruck des Hetmannschen Vortrages „Über das Liebesleben in der bürgerlichen Gesellschaft. . ." in der Zeitschrift des Bundes aber kann man eine Konfiskation provozieren, die, „besonders wenn ein Prozeß daraus wird, die Zahl unserer Abonnenten um das zehnfache erhöhen kann" (212). Also stellt es Launhart auf diesen Prozeß ab. Der konfiszierte Artikel kann als Arbeit Hetmanns identifiziert werden, weil offenbar Launhart das Manuskript in die Korrekturbogen gelegt hat. Hetmann wird verhaftet, Launhart als verantwortlicher Herausgeber aber ist geflohen. Er hat damit die Reklame für das Unternehmen bis ins Detail geplant und gleichzeitig für den Erfolg gesorgt. Selbst der Schwiegervater Staatsminister wird an dieser Reklame für die Prozeßsensation beteiligt. Von dem Erfolg der Launhartschen Spekulation kann Berta Launhart im dritten Akt berichten.[15] In dem „möblierte[n] Studentenzimmer" (230), das Hetmann sowohl nach dem Gefängnisaufenthalt wie nach dem Aufenthalt in der Nervenheilanstalt bewohnt, läßt Wedekind den 'Studenten' Hetmann, Hetmann also als Reflektierenden erscheinen. Allerdings ist es nicht die Reflexion vor aller Aktion im Dienste der Gesellschaft, sondern die nach verschiedenen Erfahrungen mit ihr. Doch spaltet sich diese Reflexion alsbald in Resignation und idée fixe. Im Dialog mit Fanny wickelt sich die idée fixe langsam heraus, immer wieder von resignativen Tendenzen intermittiert. Es gelingt Wedekind durch dieses Verfahren, in der gespaltenen Reflexion das falsche Bewußtsein sich entdecken zu lassen.

Hetmann untersucht den Rückschlag nicht auf seine Gründe hin, die im eigenen Denken wie in den gesellschaftlichen Bedingungen liegen, sondern interpretiert ihn als Folge totalen eigenen Irrtums (233 f.) oder totalen Widerstandes durch die Gesellschaft (237 f.). So ist die idée fixe des Opfers nichts anderes als die äußerste Konsequenz des falschen Bewußtseins, wie es von Anfang an in dem Plan, mit den Mitteln dieser kapitalistischen und manipulierenden Gesellschaft die Menschheit und damit sich selbst in Freiheit zu setzen, sich zeigte. Doch selbst die Realisierung einer idée fixe ist den Bedingungen dieser

---

(15) Diese Vorgänge hat Wedekind aus der eigenen Biographie zitiert. (S. Wedekind, Frank: Ges. Briefe. [Anm. 8], S. 13 und 16.) Aber sie sind in diesem Kontext Material für das Stück, nicht literarische Fixierung von Erlebnissen.

Gesellschaft unterworfen. Was als mythisches Opfer gedacht ist, erweist sich in der Planung als schwierig zu bewerkstelligendes Unternehmen: Denn von der Staatsgewalt ist eine Hinrichtung nicht zu erwarten — und wenn, so erscheint sie „wie eine zu Ehren des Hingerichteten veranstaltete würdevolle Feierlichkeit" (233). So wird schon in der Konzeption aus dem Opfer nichts als ein öffentlicher Selbstmord, zu dem Hetmann sowohl Fanny, die ihn liebt, wie der Straßenpöbel, dessen Aggressivität nur eines Anlasses bedarf, verhelfen sollen. Da das Opfer sich den Beteiligten als Opfer überhaupt nicht kommunizieren kann — sondern allenfalls so wirken muß, als habe Stanley „das Innere Afrikas dadurch erforschen wollen, daß er sich den Hals abschneidet" (233) —, ist es als Hingabe völlig sinnlos.

Hetmann verläßt freilich selbst den Gedanken des Opfers, in Wahrheit glaubt er nicht mehr daran, durch den Dienst an dieser Gesellschaft seine Idee und damit sich selbst verwirklichen zu können. Er will nur noch einmal in seinem Leben „mit *unbelastetem, freiem* Herzen ein Fest" feiern: der Lebensgenuß soll nur im Selbstmord erreicht werden, der Tod sich als „unerläßlichste(n) Lebensbedingung" (242) erweisen. Damit scheint die idée fixe, wie absurd auch immer, sich dem allgemeinen Urteil ebenso zu entziehen wie dem gesellschaftlichen Zugriff und zu einer Privatsache zu werden. Doch zeigt es sich, daß das falsche Bewußtsein seiner gesellschaftlichen Bedingungen und Auswirkungen sich selbst jetzt nicht entledigen kann.

Die Konstruktion einer sozusagen privaten Tragödie mißlingt. Auch wer sich öffentlich töten lassen will, findet in dieser Gesellschaft nicht einen mänadenhaften Pöbel, in dem jeder nach der Tat „das Gefühl einer seltsamen Weihe" hat (242), sondern an der Sensation des Lynchens Interessierte. Der Pöbel ist in Wahrheit ein Publikum, dem Launhart Eintrittskarten verkauft hat, und Hetmann bleibt eine rednerische Attraktion, nichts weiter. Die Rettung Hetmanns im vierten Akt, ausgerechnet durch Morosini, verhindert den öffentlichen Selbstmord; der Ideologe, der schließlich seine eigene Tragödie inszenieren wollte, wird zum ganz normalen Fall eines Geistesgestörten erklärt.

In diesem vierten Akt kulminiert die Darstellung des Selbstbetrugs Hetmanns wie die des Realismus von Launhart. Für die Erkenntnis der Bedeutung beider Darstellungen ist noch einmal an Wedekinds Formulierung zu erinnern, er habe in ‚Hidalla‘ wirkliches Leben vortäuschen wollen. Diese Illusion wirklichen Lebens demonstriert Wedekind dramaturgisch durch den Aufriß eines Boulevardstückes, das den angemessenen Rahmen für beide dargestellten Intentionen abgibt: So wird vordergründig ein Kampf zwischen Gemeinheit und Idealismus vorgeführt. Doch das Darstellungsverfahren denunziert, daß die dargestellte Wirklichkeit selbst so scheinhaft wie die auf einer Boulevardbühne dargestellte ist. Sie besteht aus Geschäft und Ideologie, und die lassen als geschlossene und in sich kreisende Systeme keine Auseinandersetzung einzelner, keinen dramatischen Konflikt zu. Dementsprechend baut sich ein Drama als Kampf zwischen Launhart und Hetmann auch nicht auf. Ein Dialog zwischen beiden kommt nie zustande. Launhart läßt sich im ersten Akt über Hetmanns Ideologie soweit informieren, als sie für seine Geschäfte Bedeutung hat. Am

Anfang des zweiten Aktes versucht er zunächst dem 'Geschäftspartner' einige Kenntnisse über das Geschäftsleben zu vermitteln. Da das nicht gelingen kann, manipuliert er Hetmann nur noch entsprechend den kommerziellen Bedürfnissen. Was beide im vierten Akt einander sagen, entspricht dieser Situation: Launhart redet als Unternehmer, als Trainer Hetmanns und als Reklame-Chef. Er provoziert Hetmann zur Provokation, damit die Erwartungen des zahlenden Publikums erfüllt werden, und sucht Informationen über den Inhalt dieser Provokation zu bekommen, um die Zeitungen bedienen zu können. Redet Launhart ganz zweckorientiert, so spricht Hetmann, der doch sein Todesfest feiern will, ganz ideologisch. Komisch wird das, wenn Hetmann immer noch meint, Launharts Fragen entsprängen einem ideologischen Interesse, und Launhart daher hoheitsvoll bedeutet: „Ich bitte Sie, jetzt keinerlei Auseinandersetzungen mehr von mir erwarten zu wollen, bis mein Vortrag zu Ende ist." (248) Launhart akzeptiert sofort: Hetmann muß natürlich für die Veranstaltung fit sein. Im vierten Akt wird jedoch nicht nur das Nebeneinander der Vertreter zweier Systeme gezeigt, sondern vielmehr, wie dieses Nebeneinander, ohne daß es zur Auseinandersetzung im entferntesten kommt, zur Symbiose der Systeme geworden ist, wie zwei scheinbar völlig verschiedene Intentionen miteinander verschmelzen.

Das vermittelt sich dramaturgisch in der eigentümlichen Indifferenz, in der das weitere Personal des Stücks, das ja ganz in diesem vierten Akt versammelt ist, bis zum Ausbruch des Tumults im Saal gegenüber Hetmann und Launhart verharrt: Die Gestalten nehmen weder Stellung zu dem selbstmörderischen Vorhaben Hetmanns noch zu Launharts kommerziellem Totalitarismus, selbst dann nicht, als er dessen Utopie entdeckt. „Wissen Sie, was ich schon längst gern mal möchte? Ich möchte ein Eisenbahnunglück mitmachen, bei dem zwanzig Personen zu Krüppeln zerdrückt würden, während ich mit heiler Haut davonkäme. Das wäre eine Riesenreklame für mich. Die Menschen würden sagen: Gott hält seine schützende Hand über Launhart. —" (248)

Die Reaktionsfähigkeit ist auf den Nullpunkt gesunken, aber nicht, weil alle interesselos sind, sondern weil alle in gleicher Faszination auf Hetmann wie auf Launhart starren. Eine Regiebemerkung am Anfang des Aktes bannt sie fest an ihre Plätze — sie sind Zuschauer, die die permanente Maulsperre haben. Das ist möglich, weil sie zwischen dem kaltschnäuzigen Zweckdenken Launharts und Hetmanns ideologischem Wahn keinen Unterschied mehr sehen können. Morosini deutet diese Identität von Ideologie und Geschäft in der Wirkung auf die Versammelten an: „[...] das Wiedererscheinen Rudolf Launharts [hat] sofort einen frischen Zug in die Ereignisse" gebracht (247). Ganz deutlich ist es, daß Gellinghausen, Berta, Morosini und die beiden Damen zur Sphäre Launharts gehören und gleichzeitig von Hetmann fasziniert sind.

Die Art dieser Faszination durch Hetmann kann dazu veranlassen, Analogien zwischen diesem und Hitler zu ziehen. Ist es schon in der Epoche nach Hitler unmöglich, den Namen des Hetmannschen Vereins nur komisch zu finden, so gehen die Ähnlichkeiten bis in die der Psychogramme der Figur des Stücks und des Mannes aus Braunau. Jene spricht schon vom „Machtmittel der öffentlichen Rede" (231 f.) und will durch sein „Werk" *„Menschenseelen"* (212) gewinnen. Auch trinkt Hetmann z. B. keinen Alkohol und fasziniert insbesondere Frauen, denen er sich durchweg verweigert. Diese wie weitere Analogien sind sicher nicht zu übersehen, so sehr auch der immer wiederkehrende Ansatz zur Selbstreflexion Hetmann von Hitler unterscheidet, der eben u. a. seiner Reflexionslosigkeit, die wir im Stück vor allem an Launhart beobachten, seinen gräßlichen Erfolg verdanken konnte. Doch nicht um dieser Ähnlichkeiten des Verhaltens und der Wirkung von Ideologen willen sollte das Stück beachtet werden, sondern um zu begreifen, wie die Wirkungen von Ideologen mit den Wirkungen des Kommerz in Gesellschaft und Einzelbewußtsein zusammenhängen und wie sie als Wechselwirkungen zu einer Vereinigung von Verschiedenem, ja Gegensätzlichem in der Realität führen. Walo von Brühl, „ein junger Mann von auffallend durchgeistigter Schönheit" (221), tritt als ein Mitglied des Bundes auf, das sich dennoch Skepsis bewahrt hat gegenüber Hetmann: „[...] ist er, was ich immer und immer fürchte, ein sogenanntes Original, eine Reklamegröße [...]?" (223) Durch die Verbindung von Interesse, ja Zuneigung und Skepsis scheint Brühl besonders geeignet zu sein, Hetmanns Gedanken wissenschaftlich zu analysieren. Doch im letzten Akt hat sich ihm dieser Gedankenkomplex zum lehrbaren ideologischen System, zum „Hetmannismus", verfestigt, auf dessen Anerkennung freilich noch Jahrzehnte gewartet werden müsse (260). Aber für diese Anerkennung wird Brühl schon darum sorgen, weil Hetmanns Gedanken das Material zu dem Bau seiner Karriere wurden. Sein Auftreten zeigt, wie Entwicklung in dieser Wirklichkeit zu verstehen ist: als Aufstieg vom Studenten, der promovieren will, zum außerordentlichen Professor. Aufs selbstverständlichste vereinigen sich bei ihm Ideologie und Erfolg. Und es ist kein Wunder, daß er Berta, Launharts Schwester, geheiratet hat.

Nur Fanny scheint sich in einer anderen Position als die übrigen zu befinden: In ihrer Beziehung zu Hetmann wird Liebe von Wedekind als Zeichen einer ideologie- wie kommerzfreien Existenz zitiert. Wedekind macht es sich mit der Darstellung dieser Beziehung nicht leicht. Er gibt Fanny, die eine schöne Frau ist, durch ihren Entschluß, sich von Gellinghausen zu trennen, die Tendenz auf Autonomie, durch die die Beziehung zu Hetmann erst ihr Gewicht bekommen kann. Doch läßt sie sich nicht nur von Launhart engagieren, sondern ihr erstes Wort zu Hetmann, den sie liebt, ist das der Anhängerin, die ein Gelübde schwört. So geraten Ideologie und persönliche Liebe in eine unentwirrbare Verquickung: sie schwört auf etwas, was ihr schon sehr bald (nach Morosinis Eintritt) völlig gleichgültig ist, und hat es nur geschworen, weil sie Hetmann liebt; doch darf sie ihn nicht lieben, weil sie eben der Ideologie der Schönheit zugeschworen hat. So wählt sie den scheinhaften Ausweg der völligen Unterwerfung unter Hetmanns Willen und widerruft damit die Möglichkeit zu ihrer wie zu Hetmanns Autonomie. Die unreflektierte Ablegung des Gelübdes zur Ideologie der Schönheitsmoral am Anfang und die „besinnungslos[e]" Verehrung der „Mißgestaltung" (258) Hetmanns am Schluß korrespondieren miteinander. Die Beziehung reduziert sich auf das Syndrom von Bekenntnistreue und sexueller Bindung, wobei eines das andere substituieren kann.

Da Liebe nicht Hilfe zu werden vermag, bleibt Hetmann völlig hilflos. Doch da diese Hilflosigkeit auch die Wirkung seines eigenen falschen Bewußtseins ist, entsteht nicht, was sonst entstehen könnte: das bürgerliche Trauerspiel. Dessen Pathos dringt nur als ein hohles Echo zwischen den zusammengebissenen Zähnen des hilflos, aber nicht ohne eigene Schuld Leidenden hindurch (239 u. 253).

So wird in dem Stück weniger der gezeigt, der wegen seines falschen Bewußtseins *unterliegt*, und zwar dem, der Bewußtsein überhaupt nur noch als Zweckrationalität innerhalb des kommerziellen Systems kennt, sondern mehr einer, der, indem er an diesem falschen Bewußtsein festhält, sich ganz ohne den Druck Launharts immer mehr der von diesem repräsentierten Gesellschaft *anpaßt*, nicht diese, sondern sich verändernd.

Die letzte Szene, oft als so wirkungs- wie bedeutungsvoll hervorgehoben, faßt diese Situation unter dem Bild des Zirkus, in dem die Bedeutung der Struktur des Stückes wie die der mittels ihrer dargestellten Wirklichkeit zusammengefaßt wird. An dessen Funktion für das Stück ist zu erkennen, wie wenig der Interpret schon damit gewonnen hat, daß er weiß, wann, wo und mit welchen Varianten ein Autor ein Bild oder ein Motiv in seinen Arbeiten verwendet. Im Bild des Zirkus erscheint bei Wedekind ja oft die *Gegenwelt* zur Welt der Konventionen: Der Zirkus ist der Ort, wo „das *wahre* Tier, das *wilde*, *schöne* Tier" [16] präsentiert werden kann. Bei dem Kommissionsrat Cotrelly ist der Zirkus dieser Ort nicht mehr. Cotrelly erscheint am Ende für Hetmann ähnlich überraschend wie Hetmann am Anfang des Stückes für Launhart und seine Umgebung. Seine Erscheinung ist ziemlich ungewöhnlich — „Zylinder, schwarze[r] Gehrock, Reithosen, Reitstiefel, rote Handschuhe [...], Reitpeitsche" —, sein Gesicht ist nicht ausdruckslos wie das Launharts, hat aber auch keine von Leidenschaft sprühenden Augen wie das Hetmanns, sondern zeigt etwas „Altfränkisch-mephistophelisches" (262). Er ist in diesem Stück, das doch von Hetmanns erstem Auftritt an Besucher auf Besucher zu den Türen hineinwirbelt, der letzte Besucher, und zwar nicht nur, insofern er am Ende des Stückes, sondern auch, weil er am Ende der Erwartungen Hetmanns auftaucht: „Da ist noch jemand, wenn ich recht sehe." (262) Cotrelly tritt ein und bittet Hetmann um ein „Selbstgespräch" (262). Daß diese Wendung bemerkt werde, erschien Wedekind so wichtig, daß er dem Wort „Selbstgespräch" einen Gedankenstrich vorausgesetzt hat.

Hetmann spricht in Cotrelly mit einem, der ihn mit sich selbst konfrontiert, und zwar nicht in abstrakter Innerlichkeit, sondern in einem nüchternen Geschäftsgespräch. Aber warum gerade mit einem Zirkusdirektor, der im Titel „Kommissionsrat" auch den Unternehmer betont? Der Zirkus ist nicht irgendein Unternehmen, sondern eines, dessen Begriff metaphorisch stark aufgeladen ist. Die Zirkus-Metapher gestattet es, die gegenwärtige geschichtliche Situation perspektivenreich zu reflektieren. Denn in diesem Bild wird sowohl das des Theaters als Weltspiel wie das der Wirklichkeit als Theatrum mundi fortent-

(16) Wedekind, Frank: Erdgeist. In: F. W., Ges. Werke. Bd. 3. München 1920. S. 8.

wickelt, und zwar als Bild bruchloser Einheit von Geschäft und Ideologie, die beide als Weisen eines leerlaufenden Geschehens verstanden werden. Es ist ein Geschehen ohne Bedeutung, bestehend aus Konkurrenzen von Affen, die singen können, und Ideologen, die nur als dumme Auguste gelten können.

Hetmann, der weder der Gesellschaft mehr dienen noch lustvoll sterben will, sondern die Freiheit als seine ganz persönliche zu gewinnen sucht, wird endlich zu der Einsicht gezwungen, daß er sich längst engagiert hat und daß alle Engagements in dieser Gesellschaft auf das als dummen August hinauslaufen. Denn die Ideologie ist in der Gesellschaft als Zirkus eine Nummer, die sich auszahlen muß und dem Publikum die Langeweile vertreiben soll. Darum kann auch ihr Gehalt, an dem ihre Wahrheitsmomente immerhin sich zeigen könnten, ohne weiteres in das Gegenteil verkehrt werden: „Sie wollen", sagt Cotrelly „nachdenklich" zu Hetmann, „die Unberührtheit des [. . .] jungen Weibes [. . .] wieder in Mode bringen" (263).

Cotrellys Auftreten und Aussehen, sein Abschlußwort „Sie gehören mir! —" (265) spielen natürlich auf Mephistos Pakt mit Faust an. Doch transponieren diese Allusionen das Geschehen nicht ins Mythische, sondern machen lediglich auf das Unrevozierbare der Situation aufmerksam. Der Ideologe als Angestellter, als dummer August der Gesellschaft von Handeltreibenden kann nicht mehr entlassen werden, weil er Teil dieser Gesellschaft ist. So kann er sich nur zum Verschwinden bringen, wie dies im Griff nach dem Strick geschieht. Denn wie er unablässig seine Dienste der Gesellschaft angeboten hat, so nahm und nähme sie ihn weiter unablässig in ihren Dienst.

Schon steht Launhart wieder vor der Tür, um die literarisch fixierte Lehre Hetmanns zu kommerzialisieren. An der Welt als Zirkus hat man teil um den Preis der Einsicht, dummer August zu sein, oder indem man als Schurke mitmacht. Wenn sich Launhart dazu wie zu einem Ehrentitel bekennt, so nicht darum, weil er sich für besonders abgefeimt hält, sondern als einer, für den die Identität von Schurkerei und Überleben selbstverständlich ist. Er ist ja einer von den ganz gewöhnlichen Menschen, die keine Schurken sind und doch — nach Kafka — „eine Gemeinschaft von Schurken" bilden. Sie halten immer zusammen und bewahren jeden aus ihrer Gemeinschaft davor, sich über irgend etwas Gedanken und „Kummer"[17] zu machen. Das letzte Wort, das Launhart in dieser finsteren Komödie hat, verlängert sie bis in die Gegenwart. Die kann mit ihr wenig anfangen, weil sie es für höchst überflüssig hält, daß man sich aufhängt, wenn man doch ganz gut als gewöhnlicher Mensch gesund weiterleben kann.

---

(17) Kafka, Franz: Eine Gemeinschaft von Schurken. In: F. K.: Die Erzählungen. Frankfurt a. M. 1961. S. 302.

*Volker Klotz*

**Wedekinds Circus mundi**

*A. Der Zirkus-Komplex und seine Aspekte*

„1886 wurde im Kempthal bei Zürich das indes weltberühmte Etablissement Maggi für Suppenwürze gegründet. Maggi engagierte mich gleich bei der Gründung als Vorsteher seines Reklame- und Pressebüros. [. . .] 1888 reiste ich ein halbes Jahr lang als Sekretär mit dem Zirkus Herzog und ging nach dessen Auflösung mit meinem Freunde, dem bekannten Feuermaler Rudinoff, nach Paris und begleitete ihn als sein Mitarbeiter auf einer Tournee durch England und Südfrankreich." [1]

So Wedekind in einer autobiographischen Skizze von 1901, die zehn Jahre später in der Zeitschrift ‚Pan‘ erschien. Dieses Zeugnis und andere vermelden ferner, daß der Autor mit Songs und Gedichten im Tingeltangel auftrat; daß er sich am satirischen Blatt ‚Simplizissimus‘ beteiligte, was ihm anläßlich einer Majestätsbeleidigung Festungshaft einbrachte. Daß er zudem in den eigenen Stücken spielte, um den besonderen Stil und die besonderen Ideen seiner dramatischen Produktion gegen die Widerstände der offiziellen Bühnen ans Publikum zu bringen.

Suppenwürfelpropagandist, Impresario für abstruse Schaunummern, klampfender Kleinkunstbarde, Manegemanager: das sind Marken eines Lebenslaufs, der sich ostentativ den üblichen schriftstellerischen Selbstdarstellungen seiner Zeit entwindet. Mehr noch, hier posiert und verkündet einer in pathetischem Understatement ein angriffslustiges Gegenbild zu landläufigen Vorstellungen vom Dichter. Nicht daß er auf die Sonderstellung verzichtete, die das Publikum dem Künstler einräumt, wo nicht abfordert. Im Gegenteil. Der saloppe Geschäftston sowie der Inhalt des Autobiogramms äußern gerade Exzentrik. Nur, Wedekind bezieht sie von woandersher als seine schreibenden Kollegen. Der sich hier lässig zum besten gibt, ist sowenig verspäteter Dichterfürst wie verinnerlichter Schreibtischziseleur; sowenig poeta doctus wie poeta vates; sowenig Symbolist im feinsinnigen Zirkel wie einer, der lebend und schreibend sich dem vierten Stand verbrüdert; sowenig Salonliterat wie Sektenbildner.

Auf den ersten Blick tritt dieser Mann weder mit der gestandenen Gesellschaft an noch gegen sie auf. In hemdsärmeliger Emphase strebt er ins Abseits der Outcasts und Halfcasts. Dies Abseits verklärt er als unversehrten Bereich, um den die sozialen und wirtschaftlichen und technischen Entwicklungen des späten 19. Jahrhunderts scheinbar einen Bogen geschlagen haben. Ein Abseits, das mit der jüngst noch modisch gefeierten Subkultur insofern vergleichbar ist, als hier wie dort deren Verfechter und Verbraucher einem pervertierten, verschimmelten Rousseauismus verfallen. Die sich widerstandsunfähig verloren

(1) Zitiert wird nach der dreibändigen Ausgabe, hrsg. v. M. Hahn. Berlin/Weimar 1969, Bd. 1.

sehen im anonymisierenden Alltagsbetrieb, glauben sich selber wiederzufinden im Souterrain handlicher Vitalismen und Anarchismen. Wedekinds Abseits, das er mit der Seele und dem Körper sucht, ist das Abseits der Fahrenden, die den Seßhaften aufspielen. Varieté, Jahrmarkt, vor allem Zirkus: sie sollen von unten und draußen ein steril gewordenes Leben zur Unordnung rufen. Wider die erstarrten Verhaltensformen spätbürgerlicher Gesellschaft samt ihren Kulturäußerungen macht der Autor eine Gegenwelt mobil, die gleichermaßen Kunst als Ewigkeitswert wie Kunst als Waffe negiert.

Noch bevor die Expressionisten in breiter Front diese Richtung einschlagen, löckt hier Trieb- und Leibeskult gegen hypertrophe, als Fremdherrschaft empfundene Vormacht des Geistes. Anima sana in corpore sano, geht die Losung. Mit verwackelter Wirklichkeitssicht, in unerkannter antiaufklärerischer Tradition wird der Ratio der Mißbrauch angelastet, den bürgerlich kapitalistische Interessen mit ihr verübten. Ein Mißbrauch, der Ratio und Rationalisierung statt zur Befreiung der Menschen zu ihrer Fesselung und Knebelung einsetzte.

Es ist bekannt, Frank Wedekind erholte sich nicht bloß persönlich beim Zirkus, indem er sich tätig an solchen und ähnlichen Spektakelunternehmungen beteiligte. Er verwertete ihn auch ästhetisch und weltanschaulich bei der Konstruktion seiner Stücke. Vielfach setzt sich hier der Zirkuskomplex durch. Oberflächlich als schrilles Handlungsmotiv oder als reizvoller Atmosphärespender. Nachdrücklicher jedoch noch als ein Koordinatensystem, mit dem die Welt vermessen und gedeutet sowie der bürgerliche Lebensstil abgewertet wird.

Unter dekadenten Schloßbewohnern gibt im ‚Liebestrank' der Kunstreiter Schwigerling, der auch in allen anstehenden Lebensfragen sattelfest ist, den Ton an, bis auch die schöne Gräfin Tatjana zum Zirkus ausrückt, weil sie in der zaghaften, normierten Gesellschaft sich nicht genügend gefordert sah.

Der Schnellmaler in der gleichnamigen Posse, der als Salonbelustigung zu Klavierbegleitung im Handumdrehn Porträts pinselt, setzt zugleich die bürgerliche Sozietät wie deren verwurstete offizielle Kunst ins Unrecht.

Im ‚König Nicolo' schlägt bereits der erste Satz des Clownsprologs „Nur kein Gelächter!" die jammerkomische Lache-Bajazzo-Thematik dieses Bekenntnisstücks an, das verkannte, besudelte Poetengröße dem Hohn eines vulgären Tribünenpublikums aussetzt.

Vollends der Vorspann zum ‚Erdgeist', bestritten vom peitschenschwingenden Dompteur, der marktschreierisch seine Bestien anpreist, entwirft die manegeartig rundläufigen Fluchtlinien eines Trauerspiels, das noch mit Tränen jongliert und sein Gemisch aus Heulen, Gelächter und Blut zu einem schrillen Son et Lumière-Geprassel hochputscht. Das Trauerspiel von den lebensgefährlichen Bändigungsakten der Gesellschaft — übertragen aufs Widerspiel zwischen Natur und Dressur im weiblichen Raubtier Lulu. So kündigt sich das an:

„Hereinspaziert in die Menagerie,
Ihr stolzen Herrn, ihr lebenslust'gen Frauen,
Mit heißer Wollust und mit kaltem Grauen
Die unbeseelte Kreatur zu schauen
Gebändigt durch das menschliche Genie [...]"

Es folgt die Polemik wider's herkömmliche Theater, das vom wilhelminischen Publikum gepflegt und gutgeheißen wird:

„Was seht ihr in den Lust- und Trauerspielen?!
*Haustiere,* die so wohlgesittet fühlen,
An blasser Pflanzenkost ihr Mütchen kühlen
Und schwelgen in behaglichem Geplärr,
Wie jene andern — unten im Parterre:
Der eine Held kann keinen Schnaps vertragen,
Der andere zweifelt, ob er richtig liebt,
Den dritten hört ihr an der Welt verzagen,
Fünf Akte lang hört ihr ihn sich beklagen,
Und niemand, der den Gnadenstoß ihm gibt. —"

Demgegenüber wird hier anderes aufgeboten:

„Das *wahre* Tier, das *wilde, schöne* Tier,
Das — meine Damen! — sehn sie nur bei mir."

Man lasse sich nicht täuschen von der knatternden Ironie, vom deutlich zitierten Gehabe renommierender Anreißerei. Was da gesagt wird, ist, wie aus diesem Stück und anderen hervorgeht, dem Autor bitter ernst. Der Vorspann verheißt nur überanschaulich, was das anschließende Geschehen dann metaphorisch anzulösen trachtet. Wahrheit, Wildheit, Schönheit, vorgeführt am lebenden Stück Fleisch, am Weibtier Lulu. Schluß mit „blasser Pflanzenkost". Schluß mit vegetarischer Dramatik, die sich über fünf Akte hinweg mit ebenso ausgelaugten Helden wie blassen Problemen abquält. Schluß auch mit einem behaglichen Publikum, das dieses Geplärr feinsinniger Scheinprobleme unbetroffen in gleichmütigem Moderato über sich ergehen läßt. Hier und jetzt, so trumpft der Dompteur, alias Wedekind, auf, gelten andere Sachen und andere Töne. Mit der Wohlgesittung ist es vorbei. Schauspiel wird zur gellenden Serie atemberaubender Schaunummern, um die stolzen Herren und lebenslust'gen Frauen einem jähen Wechselschauer von heißer Wollust und kaltem Grauen zu unterwerfen.

Rundum die eigene Konvention schmähend und verleugnend, versucht sich das Theater von sich selbst zu befreien — via Zirkus. Weg mit der Hirnlastigkeit. Leibliche Akrobatik zählt, droben am Trapez, drunten in der Manege. Unter Einsatz des Lebens. Hier heißt Kunst Artistik. Und die ist, entgegen verbreiteter Meinung der verachteten Ästheten, verbindlicher als jene. Denn sie verlangt Körperbeherrschung, riskantes Spiel mit den natürlichen Grenzen von Schwerkraft und Gliedmaßen. Menschliches Genie erweist sich nicht in ausgeklügelten geistigen Konstruktionen. Es erweist sich in der Bändigung reißender Bestien, die noch unter Dressur ihre bedrohliche Unberechenbarkeit wahren. Wo das verhöhnte Kunsttheater zu bedenken gibt, reißt das begehrte Manegetheater von den Sitzen. Wo jenes Zug um Zug Widersprüche dramatisch austrägt, schnurrt dieses in besinnungslosem Tempo Schlag für Schlag sein Programm ab.

Der peitschenschwingende Prologus im ‚Erdgeist' zielt freilich noch weiter. Er bleibt nicht stehen bei der vermeintlichen Selbstbefreiung des spätbürgerlichen Theaters. Keine bestimmte, sondern Wahrheit, Wildheit, Schönheit überhaupt beschreit er. „Die" Kreatur führt er vor, die er fernerhin als „Urgestalt des Weibes" anpreist, „geschaffen", um heilloses Glück und Unglück in die Welt zu bringen. Beharrlich pocht er auf absolute Kreatürlichkeit, die aller geschichtlichen und gesellschaftlichen Bedingungen trotze.

Daraus geht hervor: Nicht nur das Theater, als Publikationsmedium, als Schau und Schaustätte, orientiert Wedekind am Zirkus. Er sucht und deutet unter diesem Aspekt auch den Gegenstand des Theaters: die Welt. Und zwar abermals keine bestimmte, geschichtlich definierte, sondern Welt, wie sie, nach Wedekinds Meinung grundsätzlich beschaffen sei. Lediglich die Hartnäckigkeit und Ausschließlichkeit, mit der er Welt im Zirkus, Zirkus in Welt beruft, ist einmalig. Ansonsten liefern Wedekinds künstlerisch tätige Zeitgenossen allenthaben Zeugnisse dieser Fixierung. Zwischen 1890 und 1920 häufen sich Zirkussujets in Malerei und Literatur, wie nie zuvor und kaum danach:

Toulouse-Lautrec und Seurat zeichnen und malen Kunstreiterinnen, die, scheinbar unbeteiligt auf dem Pferderücken pirouettierend, um die Manege kreisen. Picasso in seiner frühen rosa und blauen Periode widmet sich der verhangenen Melancholie von Clowns und Akrobaten. Rouault, schroffer und expressiver, macht seine Ecce-Homo-Thematik vorzugsweise in den zerfurchten, überschminkten Gesichtern der Schausteller sowie in ihren vereinsamten Wohnwagentrecks fest. Chagall findet in wirbelnden Trapezspringern eine kaum überbietbare Verkörperung seiner Visionen von traumhafter Schwerelosigkeit. Der junge Brecht läßt Zirkusmetaphern für anarchische Situationen einstehen. Robert Walser und Kafka, der eine beängstigend verspielt, der andere in kalter Besessenheit, zielen auf die gebannte Beziehung zwischen Galerienpublikum und dem mechanisch ablaufenden Manegegeschehen.

Bei allen Unterschieden in Absicht, Durchführung und Ergebnis ist diesen Bildern und Texten eines gemeinsam. Negativ gewendet: Sämtlich gehen sie zwar auf ein Abseits aus, auf die außer- und antibürgerliche Zone der Fahrenden, doch sie betreiben weder sozial gesteuerte Milieustudien, noch verstehen sie Zirkus so, wie er sich selber aufdringlich propagiert, als ein Aufgebot einzigartiger, nie dagewesener Ereignisse, unerreichbarer Leistungen, Non-plus-ultra-Attraktionen. Im Gegenteil, diese Maler und Schriftsteller betonen das Wiederholte; die Regelmäßigkeit, die in all den gehäuften Ausnahmen durchschlägt; das Gewöhnliche im Außergewöhnlichen; den Zwangsverlauf einer forcierten, dabei lizenzierten Freiheit; die angestrengte Grazie.

Ziel: das Exorbitante soll sich als orbitant zu erkennen geben. Als aufschlußheischendes Paradigma fürs allgemeine Treiben der Welt. Und damit kommt etwas ins Spiel, das seit etwa 250 Jahren weithin aus der Kulturgeschichte wegrationalisiert war: die Metapher vom *Teatrum mundi*. In der Spätantike aufkommend, diente sie im Mittelalter und vollends im Barock als klärende Sinnfigur. Säkularisiert und einem veränderten Erfahrungsstand antwortend, lebt sie wieder auf als ihr eigener, sozial bedenklicher Bastard —: als *Circus mundi*.

Hier wie dort geht es darum, die unabsehbare Vielfalt von Wirklichkeit samt ihren unverstandenen Plagen auf einen sinnfälligen, womöglich sinnvollen Bildnenner zu bringen. Teatrum mundi deutet den Lauf der Welt als Bühnenspiel unter Gottes Autorschaft und weiser Regie, worin jeder Mensch und jeder Stand, vom Bettler bis zum König, in seinen vorwegbestimmten Rollen agiert. Ein solches Modell entspringt nicht nur religiös abgesicherten hierarchischen Ordo-Vorstellungen. Es zielt auch darauf ab, die Unverrückbarkeit ihrer bestehenden Verhältnisse zu begründen. Sie rechtfertigen sich durch die Setzung, alles sei schlüssig geregelt, weil es nach einem fraglosen göttlichen Inszenierungsplan ablaufe.

Auch die metaphorische Figur des Circus mundi versteht die Welt als szenische Darbietung mit verteilten Rollen. Allerdings, mit der religiösen Zuversicht ist auch die Neigung geschwunden, was da ist und geschieht, jenseitig abzustützen. Weder richtet sich der Zirkus nach einer bündigen Textvorlage, die er als Zusammenhang aus- und aufführt. Noch kennt er Autor und Regisseur, die für ein konzises, klar geplantes Spiel aufkämen. In der Immanenz verharrend, spielt sich hier ein buntscheckiges Programm heterogener und isolierter Schaunummern ab, deren jede von der folgenden sogleich verdrängt wird. Die Zirkus-Artisten sind allein auf sich gestellt, aufs eigene Können. Sie haben nichts weiter im Sinn als ihr jeweiliges, momentanes Kunststück, für das sie ebenso punktuell, begleitet vom Tusch der Kapelle, Beifall anstacheln und einstreichen. Sofern sie auf Kontext, auf Mitspieler, auf Nachbarnummern, auf die Gesamtveranstaltung überhaupt eingehen, geschieht es lediglich in der wetteifernden Absicht zu übertrumpfen und auszustechen.

Von daher läßt sich unschwer ersehen, was Wedekind und viele seiner schreibenden und malenden Zeitgenossen bewegt, ausgerechnet mit der Metapher vom Circus mundi zu arbeiten. Es ist die gesellschaftliche Wirklichkeit, in der sie leben. Auf sie scheint diese Metapher wie ein Schlüssel zu passen: auf die freie Wirtschaft, bewahrt und gesichert im imperialistischen Staat, der außen- und innenpolitisch gleichfalls das Recht des Stärkeren praktiziert. Diese Wirklichkeit stellt sich nicht länger als wohlgefügte, senkrecht gestaffelte Ordnung dar, wie sie das Teatrum mundi entworfen hat. Sie drängt sich auf als turbulente Arena, in der die Akteure nebeneinander und widereinander ihr Letztes geben. Jeder gegen jeden, im rücksichtslosen Poly-Agonismus, im Allround-Kampf konkurrierender Hochleistungen. Nach der alles beherrschenden Regel wetteifernder ökonomischer Interessen. Und die übergreifen den Einzelegoismus in einem Gesamtprogramm allenfalls insofern, als es gilt, das allgemeine Prinzip des freien Markts zu befestigen und auszubauen.

So weit ist Wedekinds Zirkus-Metapher von den realen Verhältnissen her durchaus begründet. Ihre unmittelbare Treffsicherheit entschärft sich jedoch, betrachtet man sie etwas genauer. Zunächst einmal erschüttert der Autor die Kongruenz zwischen Bild und Sache, indem er beide bedenklich idealisiert. Absichtlich oder unabsichtlich *verzeichnen* seine Zirkusbilder die Realität, um sie als begehrenswerte, vitalitätspralle Sphäre anpreisen zu können. Dabei kommt ein anarchisches Idyll vom Kapitalismus heraus, das wohl von fern mit den liberalistischen Glaubenssätzen seiner frühen Vorkämpfer übereinstimmt, nicht aber mit seinen späteren tatsächlichen Verhältnissen. Schon gar nicht in der polit-ökonomischen Entwicklungsstufe gegen Ende des 19. Jahrhunderts. Das Bild vom Circus mundi verwackelt also dort, wo man es an der Mission mißt, die der Autor ihm in Richtung Publikum gibt. Die Mission geht dahin, dem zeitgenössischen bürgerlichen Publikum die Welt der Artisten als Vorbild zu verschreiben. Mit der Absicht, es solle sich mutig als der Wolf bekennen, der es ist, statt weiterhin sich zum Schaf zu verkrüppeln. Also zum vorbehaltlos gelebten Gesetz des Liberalismus, wonach es angetreten sei.

Die Rechnung dieser Mission kann nicht aufgehen. Denn: Wedekind deplaziert historisch die zeitgenössische Gesellschaft, die er so auf ihre eigenen Gesetze einschwören will. Er versetzt sie zurück. Der Kapitalismus ist im späten 19. Jahrhundert längst aus der Phase freien Unternehmertums in die Phase steuernder und gesteuerter Monopole übergegangen. Jetzt walten Bedingungen, die das malerische Bild vom wagemutigen, skrupellosen Unternehmer zur unzeitgemäßen Karikatur verzerren. Für privaten Wirtschaftsheroismus, der aus eigener Kraft und selbständiger Initiative gefährlich lebt, um das lähmende Mittelmaß bürgerlichen Wohlverhaltens durch riskante Supergeschäfte zu sprengen — dafür bleibt in diesem verwalteten, fiskalisch eingedämmten Status kein Raum.

Hier, im tatsächlichen Monopolkapitalismus, verrammelt, zirzensisch gesprochen, ein Verhau aus Sicherheitsnetzen und Käfiggestängen die großen persönlichen Abenteuer. Zugleich verstellt es den unmittelbaren sensationserpichten Blick auf die zahllosen Wunden, die da geschlagen, auf die zahllosen Hälse, die da gebrochen werden. Die anfallenden Leichen des Imperialismus häufen sich anonym, unter Ausschluß der Öffentlichkeit, grau in grau ohne knallbunte Zirkusfarben. Sie sind ästhetisch ebensowenig attraktiv wie ihre Urheber. Seiltanz in der Kuppel, Umgang mit reißenden Bestien, Saltos auf galoppierenden Pferden: das sind nunmehr Märchenbilder eines abgelebten Manchestertums. Romantische Rufe zurück zur Natur des Kapitalismus. Sie verkennen, daß dessen vermeintliche Denaturierung nichts weiter ist als seine natürliche Entwicklung.

Natur freilich in anderm Sinn, als ihn Wedekind beschwört. Und damit ist wohl der heikelste Punkt seines Circus mundi berührt. Nämlich: die historisch bedingte, historisch durchaus begreifliche Flucht aus der konkreten Geschichte der gesellschaftlichen Produktivkräfte, Produktionsbedingungen und Produktionsverhältnisse sowie den daraus entstehenden Klassenkämpfen, eine Flucht hinweg in die ahistorische Sphäre zeitloser Naturgesetze. Dorthin, wo, laut ‚Erdgeist‘-Prolog, die „Urgestalt des Weibes" sowie das schlechthin Raubtierhafte als unbedingte kreatürliche Größen sich ausleben.

Es ist eine merkwürdig verrenkte Flucht, die der Autor selber gar nicht als solche versteht. Er scheint vielmehr den Wirklichkeitsschwund, den sie bewirkt, als Wirklichkeitsbereicherung zu veranschlagen, weil nach seiner Meinung die selbstherrlich Flüchtigen, sind sie einmal der einschränkenden bürgerlichen Laufställe ledig, hier ihrer verschütteten Vitalkräfte innewürden.

Wenn Wedekind veränderliche sozioökonomische Verhältnisse der verändernden und veränderlichen Geschichte entbindet, indem er sie auf biologische Grundverhalte zurückführt, dann glaubt er, undurchsichtige Willkürbewegungen — wie sie ihm in der Marktwirtschaft begegnen — auf den Nenner unwillkürlicher, eingeborener Triebabläufe zu bringen. In ideologischer Nachbarschaft zum Sozialdarwinismus bringt er, was ihm unheimlich, weil unbegreiflich vorkommt, hurtig im Gesetzeshaushalt der Natur unter. Womit die Tatsache, die Gründe und die Folgen der Widersprüche von Kapital und Arbeit pauschal geklärt und gerechtfertigt erscheinen.

Der kraftstrotzende, willensstarke Unternehmer, der als augen- und muskelrollender Dompteur die Peitsche über die Markt-Manege schwingt: dies ist der anziehendste, aber unstimmigste Punkt des Zirkuskomplexes. Denn was schon die verquere Verbindung von Ökonomie und Vitalismus, von Adam-Smith-Reflexen und Nietzsche-Devisen anzeigt, bestärkt sich noch in dem Hauptaspekt, den Wedekind dem Zirkus abgewinnt. Schönheit, Wahrheit, Wildheit, diese grell verheißenden Werte verwirklichen sich ausgerechnet im Aggregatzustand des Zwangs, des sturen Ostinato, des stampfenden Perpetuum mobile. Im beharrlichen Wieder und Wieder auftrumpfender Schaunummern. Im gleichbleibenden Rundlauf der Manege. In der Stereotypie formelhafter Selbstdarstellung. Was allenthalben durchschlägt, ist Verhängnis, unausweichliche Natur- und Dressurnötigung, unbeirrbare zyklische Repetition. Eine entwicklungsfremde, entwicklungsfeindliche Tendenz, die jeden Gedanken an geschichtliches Fortschreiten, an Eingriffe oder an Umwälzung verscheucht.

Hier wirkt, so ist zu argwöhnen, das zweifach fatale Erbe des Teatrum mundi nach, samt seiner antiaufklärerischen Veranlagung. Mag auch der theologische Baldachin eingestürzt sein — jetzt macht sich, anstelle von Gottes Text und Regieplan, abermals unbezweifelte Verfügung geltend, die bestimmt, was ist und was geschieht. Nur daß diesmal die bewegende, programmierende Macht nicht droben beheimatet ist. Sie scheint, namenlos, den beteiligten Menschen unauffindbar, aus den Geschehnissen selbst zu kommen. Und so wenig ein verantwortlicher Urheber sich zu erkennen gibt, so wenig zeichnet sich ein sinnvolles Ziel ab, worauf die turbulenten Bewegungen hinstreben.

Sicherlich, was im Circus mundi seinen bildlichen Ausdruck sucht, ist treffende, betroffene Erfahrung geschichtlicher Gegenwart. Es entspringt dem gemeinsamen gesellschaftlichen Erfahrungsumkreis von Wedekind und seinem Publikum. Mehr noch und insbesondere ist es die Erfahrung dessen, der mittendrin den spezifischen Eigendrall kapitalistischer Prozesse verspürt. Und da er sie körperlich nah verspürt, neigt er dazu, sie als undurchdringlich, unbeeinflußbar, mithin schicksalhaft zu empfinden. Gerade die atemberaubende Abstandslosigkeit dieser Erfahrung ließ offenbar zunächst keine andern Auswege als in schiefe Verallgemeinerungen. So kommt es, daß Wedekind den geschichtlichen Boden, nachdem er ihn eben erst wacker ausgeschritten hat, schleunig verläßt. Mit einer absonderlichen Flucht nach vorn, die flugs die Nöte in Tugenden emporjubelt. Kleinbürgerlicher Bangnis strotzend, die er stets nur auf der andern Seite seiner Bühnenrampe, im Zuschauerraum, lokalisiert, begnügt er sich nicht damit, die bedrückenden Verhältnisse hinzunehmen als gegeben und verhängt. Gut heißt er sie. Werbend trommelt er sie aus als Bedingung und Gelegenheit unverschnittenen, abenteuerlichen Lebens.

In Wedekinds schmetterndem Tusch zum kapitalistischen Zirkustreiben macht sich nicht nur eigene umgepolte Bedrängnis Luft. Hier meldet sich zugleich die Verachtung gegen den vorherrschenden Typ des wilhelminischen Bürgertums. Eine Verachtung, die fast jedes seiner Stücke genau wie den Prolog zum ‚Erdgeist‘ befeuert. Sie gilt der muffigen Heuchelei, den krampfhaften Anstrengungen der Bourgeoisie, alles abzuschirmen, was ihr den kümmerlichen, aufgeräumten Seelenhaushalt beunruhigen könnte.

Wie Wedekind ihre ängstlichen Sicherheitsvorkehrungen geißelt, so feiert er umgekehrt, was jene Klasse verschreckt: allererst die fessellose Sexualität. Da nun der Bourgeois sich gleichermaßen abmüht, die brutalen Selbstbehauptungsregeln des Kapitalismus zu verleugnen, die doch sein Leben und Handeln bestimmen, schließt Wedekind offenbar, ex negativo, aus der Minderwertigkeit der Verdränger auf den hohen Wert des Verdrängten — in diesem Fall der kapitalistischen Verhaltensregeln. Sein kurzgeschlossener bürgerlicher Bürgerhaß bringt ihn also dazu, freie Sexualität und freie Wirtschaftsausübung als Ausdruck ein und des gleichen unbändigen Lebenstriebs zu feiern, der dem Bourgeois abgestorben sei. Dabei kommt er zu dem wunderlichen Ergebnis: just das zur Voraussetzung vitaler Selbstverwirklichung zu erklären, was eben diese Vitalität verstümmelt. Ökonomische Entfremdung als Sprungbrett zum sinnlichen Glück.

So träumt er lauthals vom tollkühnen Draufgänger, dem auch noch der Kapitalmarkt zum Feld der Ehre wird. So sieht er in blinder Verklärung die sozioökonomischen Zwänge, kaum anders als die sexuellen Triebe, aus dem Dschungel des Lebenskampfs naturwüchsig hervorsprießen. Daß sein Theater dabei in bizarrem, weil irreal begründetem Realismus der bürgerlich kapitalistischen Praxis folgt, indem es gleichfalls deren Opfer von vornherein benachteiligt, ist nur folgerichtig. Sein Circus mundi bewertet sie nicht als wirtschaftlich, vielmehr als kreatürlich zu kurz gekommene, als impotente Versager.

Man weiß: Wedekind verschmähte den Naturalismus, insbesondere den seines ungeliebten Zeit- und Zunftgenossen Gerhart Hauptmann. Man sieht: er widerstrebt ihm nicht nur stilistisch, sondern auch im moralischen Ansatz und Schluß. Hauptmann breitete die Armseligkeit der Armen aus, um sie dem Mitgefühl des bürgerlichen Publikums anzuempfehlen. Wedekind zuckt die Achseln über die Unzulänglichkeit der Armen. Sie sind ihm Späne, die beim Hobeln fallen. Sein Publikum soll sich von den Hoblern mitreißen lassen. Es soll deren Farbe bekennen und soll die Möglichkeiten ausschöpfen, die dem Tüchtigen die Leistungsgesellschaft bietet.

Trotzdem gehen diese beiden gegensätzlichen Stückeschreiber gleichermaßen von deterministischen Vorstellungen aus. Nur, Hauptmann zieht daraus den sentimentalisch passiven Schluß, daß die Welt unerträglich, aber „halt amal aso" sei. Erstes und letztes Wort hat das Modaladverb. Das Schicksal nistet in den Umständen. Wedekind hingegen kennt und macht keine Umstände. Er zieht den sentimentalisch aktiven Schluß, den Sog der Determinanten zu nutzen, um die eigene Selbstverwirklichung flottzumachen. Doch die mißdeutete Wirklichkeit zieht in jedem seiner Stücke ihr aufgeschöntes Idealbild wieder ein. In keinem Drama erreicht irgendwer ungebrochen oder gar endgültig seine rigorose Selbstverwirklichung.

Gerade weil die scheiternden Aktivitäten dieser Helden aus falschen Voraussetzungen erwachsen, geben sie Einblicke in die Verhältnisse, an denen sie scheitern. Genauere und bewegendere Einblicke als die noch so nachdrücklichen Milieupanoramen Hauptmanns. Insofern ist, wider den ersten Anschein, Wedekinds hochtrabende Herrenreiterideologie poetisch und gesellschaftlich ergiebiger als Hauptmanns menschenfreundliche Verständnisbereitschaft. Seine Ideologie lähmt nicht, gebannt von lähmender Zuständlichkeit. Sie kann, dank ihrer herausfordernden Fragwürdigkeit, im Zuschauer weitere, weiterführende Fragen wecken.

## Zwischenbilanz I

Zirkus ist dem Autor Wedekind mehr als ein beliebiges, mehr auch als ein bevorzugtes poetisches Motiv, das dramatische Abläufe anstößt und in Schwung hält. Zirkus erweitert sich ihm, im Doppelsinn des Wortes, zum Komplex. Subjektiv und objektiv. Subjektiv erscheint der Komplex als affektmächtiger Gedanken- und Interessenkreis des Autors, der seine entsprechenden Zwangsvorstellungen jedoch nicht ins Unbewußte verbannt, sondern sie auf offener, sehr realer Bühne austrägt. Objektiv erscheint er als vielschichtiger Sach- und Bild-Komplex, der den Inhalt des subjektiven Komplexes ausmacht. Hervorgerufen ist beides durch die konkrete gesellschaftliche Situation, worin Autor und Publikum leben. Ihre unbegriffenen Widerspüche drängen dem bedrängten Autor des scheinbar treffende Weltbild vom Circus mundi auf. Es setzt sich aus folgenden, unterschiedlich triftigen Aspekten zusammen:

1. aus dem gegenständlichen Aspekt: Zirkus als leibhaftiger Tätigkeitsbereich der fahrenden Schausteller;

2. aus dem wertenden Aspekt: Zirkus als positive, weil gefährlich ungebundene Gegenwelt zur seßhaft domestizierten Welt der Bürger;

3. aus dem metaphorisch umdeutenden Aspekt: Zirkus als Makrometapher, die im riskanten Manegetreiben das Konkurrenzprinzip der kapitalistischen Gesellschaft verbildlicht. Dabei wird einerseits, anachronistisch verquer, der tatsächliche zeitgenössische Entwicklungsstand der Gesellschaft verwechselt mit ihren überholten frühkapitalistischen Parolen vom schrankenlos freien Wirtschaftsleben. Andrerseits führt diese Makrometapher, sozialdarwinistisch, handfest geschichtliche Widersprüche auf naturgegebene Gesetze zurück;

4. aus dem missionarischen Aspekt: Zirkus, solchermaßen verherrlicht und metaphorisch aufgeladen, als Appell ans gezähmte bürgerliche Publikum, sich zu seinen besseren, verdrängten Trieben zu bekennen; mithin sich zu entsprechend wagemutigem, unbekümmertem Handeln zu befreien;

5. aus dem kritischen und selbstkritischen Aspekt: Zirkus als Häufung falscher Superlative, als schale Repetition, als Mißverhältnis von Artisteneinsatz und Publikumsverständnis. Teils mit, teils ohne Absicht des Autors offenbart hier das Bild vom Circus mundi seine Zwiespältigkeit. Es richtet sich wider sich selbst, indem es die auftrumpfende lebenstrotzende Manege-Ideologie Lügen straft. Zugleich stellt es, wie wir sehen werden, ihr metaphorisches Äquivalent in Frage: den ökonomischen Konkurrenzkampf als Bewährungsfeld, wo die Besten als die Skrupellosesten zu sich selbst kommen.

Wie diese teilweise widerstreitenden Aspekte aufeinander und wie sie miteinander aufs Publikum wirken, soll die Analyse eines besonders problematischen Stückes veranschaulichen.

### B. Manege-Kritik, im und am Stück betrachtet: ‚Hidalla‘

Bemerkenswert scheint mir, daß der letztgenannte kritisch-selbstkritische Aspekt des Zirkuskomplexes am stärksten dort zur Geltung kommt, wo Wedekind, zugestandenermaßen, mit der eigenen Weltanschauung tragi-komisch abrechnet. In dem Schauspiel ‚Hidalla oder Karl Hetmann, der Zwergriese‘ (1904). Zwar, Zirkus meldet sich hier wörtlich und leibhaftig nur in einer einzigen, freilich wichtigen Szene: wenn Direktor Cotrelly — ausgestattet mit Zylinder, Frack, Schaftstiefeln, roten Handschuhen und Peitsche — den verzweifelten Reformator Hetmann in seinem Studierstübchen aufsucht, um ihn als dummen August für seine Arena zu gewinnen. Dennoch gibt sich in ‚Hidalla‘, wo nicht auf den ersten, so auf den zweiten Blick, Wedekinds Circus mundi als ein prägendes Prinzip zu erkennen. Und zwar in seinem metaphorischen Doppelcharakter: als Comparandum und als Comparatum, als Bild und als Verbildlichtes. Das heißt, was in dem Stück vorgeht und wie es vorgeht, richtet sich gleichermaßen nach dem Muster der Manege wie nach dem Muster kapitalistischer Gesellschaftsverfassung, die sich in diesem Bild veranschaulicht.

Vielseitig wirkt es sich aus: in der verhandelten Problematik des Stücks und ihrer dramaturgischen Herrichtung; im Geschehnisablauf und in seinen zeitlich-räumlichen Konkretisationen; in der Anlage des Personals; in szenischen und gestischen Tableaus. Das wird der Reihe nach zu zeigen sein.

Schon der Grundriß des Stücks folgt einem Verfahren, mit dem der Zirkus ein Gutteil seiner rüden Spannungseffekte bestreitet. Nämlich: bestimmte Erwartungen im Publikum wachzukitzeln und eine Weile zu steigern, um sie dann überraschend zu entkräften oder in eine unversehene Richtung abzubiegen. Man unterstellt dem Löwen menschenfresserisches Gelüst, er faucht auch bedrohlich und schlägt mit der Tatze nach dem Dompteur — doch alsbald duldet er arglos dessen Kopf in seinem Maul. Der Musikclown erntet erst einmal überlegenes Gelächter, wenn er täppisch und unsachgemäß sein Instrument traktiert — bis er ihm plötzlich klangrein die schwierigsten Tonfolgen entlockt. Tableau! Mit ‚Hidalla‘ verhält es sich ähnlich. Das Stück weckt Erwartungen, um sie zu hintergehen. Es suggeriert Voraussetzungen, um sie zurückzunehmen. Es beschwört den Kanon einer anerkannten dramatischen Form, um ihre Spielregeln reihum zu verletzen. ‚Schauspiel in fünf Akten' verheißt der Untertitel. Was folgt, hält zwar den Buchstaben dieser Versprechung, nicht aber ihren Geist. Aufgrund von Schulbildung, gängiger ästhetischer Übereinkunft und vertrautem Umgang mit dem Angebot der Bühnen vorm Ersten Weltkrieg verbindet Wedekinds zeitgenössisches Publikum feste Vorstellungen mit dem Begriff 'fünfaktiges Schauspiel'. Es signalisiert Tradition, formstrenge Klassizität, geregeltes Szenenleben. Hierdurch kann das Publikum von vornherein bedrückende Naturalismen ausschalten und sich auf die einschlägigen Muster des Spiel- und Lehrplans einstellen. Auf Werke von Goethe, Schiller, Hebbel, Wildenbruch, mit Abstand auch von Ibsen und Sardou. Derart programmiert, gewärtigt es:

Ideen- und Problemdramen, deren Ideen und Probleme sich umweglos, wie von selbst in einer schlüssigen Handlung entwickeln. Personen, die im Für und Wider klarer Parteiungen diese Handlung austragen, nach eingespielten Plausibilitätsregeln. Es gewärtigt psychologisch stimmige Personen, die mitfühlenswert leben, handeln und leiden. Es gewärtigt einsinnige, unvermischte Stillage, die mit gleichbleibendem gewichtigem Ernst alles durchdringt, was geschieht. Es gewärtigt ausgewogene Proportionen, die Übersicht gewährleisten, selbst wenn die überkommenen Einheitsforderungen an Aktion, Raum, Zeit großzügig ausgelegt werden. Schließlich rechnet das Publikum wilhelminischer Staats- und Stadttheater mit einem Gesamtaufbau, der dem seinerzeit weithin verbindlichen Schnittmuster entspricht, das Gustav Freytag, klassizitätserpicht, dem symmetrischen Fünfakter teils nachliefert, teils vorschreibt — also: Exposition, aufsteigende Handlung, Höhepunkt, abfallende Handlung, Katastrophe.

All diese Eigenschaften des gediegenen, ebenmäßigen Schauspiels reißt Wedekind in ‚Hidalla' an. Und nicht nur im Titeletikett, sondern auch in auffälligen Zügen des Textes. Er führt sie jedoch nicht oder gar gegenläufig durch. Indem er sie mit übertriebenem Nachdruck ausspielt, entstellt und revoziert er sie bereits. Sie sind nur lockende Köder, die jedem im Hals steckenbleiben, der danach schnappt. Der Autor braucht dann nur noch die Angelschnur einzuziehen, um sein Publikum dorthin zu zerren, wo er es haben will.

Wedekind stellt also besagte Eigenschaften in krasser Überzeichnung aus, er stellt sie bloß. Es beginnt damit, daß er ein *Ideendrama* schreibt, das als verzeichnete Formzitation sozusagen auf höhnisch gespreizten Gänsefüßchen daherkommt. Störrisch und sperrig behauptet eine Idee den Mittelgrund des Stücks: Karl Hetmanns ideologisches Programm von der Zucht einer schönen Menschenrasse, die die bürgerlichen Moralgesetze überwindet. Man kann sogar sagen: diese Idee ist, wie bereits der Doppeltitel des Dramas andeutet (‚Hidalla' ist die Schrift betitelt, worin Hetmann seine Weltanschauung aufgezeichnet hat), sein zweiter, wo nicht sein erster, sein Hauptheld. Denn nur bis zu einem gewissen Grad geht sie mit ihrem Urheber auf und unter. Ansonsten löst sie sich von ihm und nimmt eigene Wege. Sie kommt los von ihm, aber nicht er von ihr. Bis in den Selbstmord hinein bestimmt sie sein Leben — als innerer Antrieb und, übelst objektiviert, als Angriff von außen.

Mindestens drei Momente heben sich hervor, die dem herkömmlichen Ideendrama in die Parade fahren.

1. Die leitende Idee tritt explizit auf, nicht implizit. Anders als im gewohnten dramatischen Bildungsgut ist sie kein eingegliederter Bestandteil der dramatischen Handlung und ihrer Helden, in denen sie als immaterielle Antriebskraft aufbewahrt wäre. Auch wenn Hetmann sie entwarf und mit ihr lebt, steht sie ihm doch, genau wie den andern Personen des Stücks, gegenständlich gegenüber. Als Objekt von Auseinandersetzungen wird sie behandelt, verhandelt und schließlich auch gehandelt wie ein Sperrgut. Diese Idee, berufen, die Menschen aus Verdinglichungen zu erlösen, ist selber verdinglicht.

2. Sie nimmt zwar das Zentrum der dramatischen Ereignisse ein, doch sie ist inhaltlich überaus exzentrisch, so daß sie einerseits dem Publikum identifizierende Teilnahme erschwert, wenn nicht verwehrt; und andererseits im Stück selber nur absonderliche oder zweifelhafte Anhänger findet, die erst recht eine Einfühlung des Zuschauers behindern.

3. Wer auch immer für diese Idee sich einsetzt — aus unterschiedlichen Beweggründen sind das fast alle Personen des Stücks —, schmälert sie durch seinen Charakter, sein Verhalten oder seine persönlichen Interessen. Hetmann, ihr buckliger und zahnloser Urheber, ist ihr körperlich nicht gewachsen. Bei seinem Großmeister, dem abgehalfterten Sänger Morosini, der genau wie Hetmann als inkongruenter „Zwergriese" bezeichnet wird, steht es umgekehrt: seine glänzende Erscheinung umhüllt innere Dürftigkeit. Der hochstapelnde Launhart, seine häßliche Schwester Berta und der akademische Schönredner Walo von Brühl — sie dienen alle drei der Idee, um sie eigennützig auszubeuten. Launhart erbringt sie ein Vermögen, Berta einen Mann und Brühl eine Blitzkarriere in der Universität. Der unbedarfte Gellinghausen, der Geld und Arbeitskraft blindlings in den Bund der schönen Rassemenschen steckt, trägt das Seine dazu bei, in verständnislosem Übereifer die Sache und sich selber zu ruinieren. Die Fürstin Sonnenberg schließlich und Miß Grant folgen dem sensationsgierigen Zerstreuungsbedürfnis reicher Müßiggängerinnen, wenn sie auf Hetmanns Idee setzen.

Bleibt die schöne, lautere, emanzipationheischende Fanny Kettler. Allein sie scheint die Gaben mitzubringen, die den strengen Anforderungen der Idee entsprechen. Doch sie scheitert — eine bürgerliche Penthesilea — an ihrer privaten, programmwidrigen Liebe zum Menschen Hetmann. Fannys verzweifelte Anstrengungen, Hetmanns Zuneigung zu gewinnen, schleudern sie von einer jämmerlichen Lage in die andere. Dabei zerschleißt nicht nur ihre potentielle Tauglichkeit für die Idee und umgekehrt, auch das gültige Pathos ihrer Person geht in Lächerlichkeit unter. Als Hetmann enttäuscht, weil in seiner Weltanschauung angeschlagen, ihr eine „verkrüppelte Seele" im schönen Leib vorwirft, findet sie, die wie niemand sonst ernsthaft seiner Idee zu leben versucht, den treffenden Gegeneinwand. Vergeblich hat sie versucht, sich zur vorgeschriebenen, selbstbewußt freien Promiskuität des Bundes zu überreden: „Aber was hilft das Wort gegen die furchtbare Beklommenheit, wenn Blick, wenn Rede, wenn Gebärde unbefangen sein sollen?!" (620) Wider Willen ist sie selber leibhaftiger Beweis gegen die Idee geworden. Leidend zeigt Fanny, daß es nicht glücken kann, Unbefangenheit kraft Verabredung und Verpflichtung herzustellen. Verfügte Unbefangenheit ist ein Widerspruch in sich.

Einige knappe Andeutungen, wie sehr und wo überall die Hetmannsche Idee sich selber in Frage stellt, können ausreichen: Wenn sie ein Totalitätsprogramm für 'die' Menschen nur einem kleinen, dekadenten Kreis innerhalb der besitzenden Klasse anvertraut. Und wenn ihr erlauchter Verkünder, der Ethiker eines ästhetischen Biologismus, unbekümmert zu windigen Tricks greift, um sein Ziel zu erreichen: die trügerisch glanzvolle Kühlerfigur Morosini; das Bündnis mit dem Schurken Launhart, den Hetmann nicht minder verachtet als die High-Society-Damen, deren Finanzspritzen er in Anspruch nimmt. Solche Machenschaften zeugen ebenso gegen seine persönliche Lauterkeit wie gegen die Stimmigkeit seiner Idee. Somit krankt die zentrale Idee des Stückes nicht nur an ihren zweifelhaften Verfechtern. Auch ohne die Hebammendienste dieser unpassenden Helfer ist sie eine Mißgeburt ihres verkrüppelten Vaters Hetmann.

Fragt sich nur, worauf Wedekind ausgeht, wenn er dem Stück eine ebenso abwegige wie unzulängliche Idee auferlegt, die nicht einmal der Umstände bedurft hätte, um zu scheitern. Der Sachverhalt verwundert um so mehr, weil Wedekind, wie schon vermerkt, alle bisherigen Ideen- und Problemdramaturgien auf den Kopf stellt. Nirgends nämlich, vom ‚Standhaften Prinzen' über ‚Don Karlos' bis zum ‚Volksfeind', zerbricht das, worum und weswegen gekämpft wird. Dort zerbrechen nur die Kämpfenden, am Anspruch der Idee, an sich selber oder an der Umwelt.

Worauf also geht Wedekind aus mit seinem absonderlichen Ideendrama? Die Frage ist durch eine weitere relativierend zu ergänzen: Was an dieser Ideenkonstruktion zieht das besondere Augenmerk des Publikums auf sich? Damals und jetzt? Denn gerade ihre — nicht heut erst so erscheinende — Abstrusität muß eine Gewichtverlagerung des Publikumsinteresses zwischen 1904 und 1970 ungleich stärker fördern, als wenn ein unauffälliger, normal bemessener Gegenstand anstünde.

Ob nun Wedekind selber noch anno 1904 bestimmte Momente von Hetmanns Idee guthieß und ungebrochen mit dem eigenen vitalistischen Schönheitskult gleichsetzte oder ob er, seit je zur Exhibition neigend, flagellantisch mit der eigenen Mission und deren öffentlichem Widerhall abrechnete —: jedenfalls setzte er seinen Zeitgenossen diese Idee als krauses Monstrum vor. Nicht erst bei heutigen, schon bei damaligen Zuschauern löste sie Widerstände, zumindest Befremden aus. Trotzdem, sie begegnete den Zeitgenossen nicht ganz so seltsam wie uns. Denn einerseits bot Hetmanns ideologischer Verschnitt manche seinerzeit frische, heftig umstrittene Elemente: die etwa die Einstufung der Jungfräulichkeit als mitgiftigen Handelswert. Andererseits war den Zuschauern vor und nach der Jahrhundertwende das anspruchsvolle Auftreten erhabener Heilslehre samt ihren oft biologistisch getönten Evangelien und ihren ergriffenen Gemeinden und Jüngern nichts Neues. Es konnten also sowohl die aktuellen Bestandteile der Idee wie auch das Phänomen eines mobilisierenden Sektenstifters mit der Betroffenheit der Zeitgenossen zugleich ein lebhaftes Für und Wider zum Inhalt der vorgeführten Idee wecken.

Solche Voraussetzungen einer akuten Betroffenheit fehlen dem Publikum der siebziger Jahre. Von andern Erfahrungen ausgehend, konzentriert sich seine Aufmerksamkeit auf das, worauf Wedekinds Zeitgenossen zwar auch schon, aber nicht im gleichen Maß achteten: aufs Schicksal der Idee. Den heutigen Zuschauer kümmert weniger, was es im einzelnen mit dieser Idee auf sich habe und wie ernst der Autor sie nahm. Ihn kümmert vielmehr, was denn mit dieser Idee im Gesamtverband des Stücks geschieht; wovon sie ausgelöst wird und was sie selber auslöst; worauf sie trifft, und was ihr widerfährt. Kurz, in den Vordergrund des Interesses rückt das Drama dieser Idee. Allererst hiervon handelt das Stück ‚Hidalla‘. Und hieraus bezieht es seine fortdauernde, inzwischen umakzentuierte Aktualität.

Was sich abspielt, ist der Aufstieg und Niedergang einer Idee unter den Bedingungen der kapitalistischen Gesellschaft. Alle entscheidenden Momente hängen von diesen Bedingungen ab: der inhaltliche Trend der Idee; daß sie zeitweilig Erfolg hat; daß und wie sie aufgerieben wird. Ihr inhaltlicher Trend entgegnet den Profit- und Verschleißprinzipien der Gesellschaft mit vernutzungsfreien Schönheitsmaximen. Er entgegnet den Verdinglichungen einer verselbständigten Tauschwerteproduktion mit lebendigem Fleisch. Er entgegnet den verborgenen, ungreifbaren Mechanismen dieser Gesellschaft mit der Verheißung von Sinnlichkeit, von ansehnlichen, faßlichen Leibern. Und er entgegnet dem unübersichtlichen Durcheinander und Gegeneinander der Klassen mit der organisatorischen Forderung nach planvoller Menschenzucht.

Mit dieser Tendenz zu körperhafter Versinnlichung, zu unverhohlen augenscheinlicher Leibhaftigkeit kommt abermals der Zirkuskomplex ins Spiel — als utopische Verheißung der Hetmannschen Ideologie. Denn: Zirkus, bei allen illusionistischen Kniffen, die er einsetzt, arbeitet offen, vor aller Augen, mitten in der Arena. Er kennt keine verbergenden Hintergründe und Seitenkulissen, wohin die Akteure nach willkürlichen dramaturgischen Gesetzen plötzlich verschwinden können, um ebenso unerwartet von dort wieder aufzutauchen. Wer im Zirkus auftritt, ist ganz und ein für allemal da. Nur seine körperliche Existenz gilt, deren artistische Hervorbringungen rundum eingesehen werden können.

Hier gibt sich die Ambivalenz von Wedekinds Zirkuskomplex in ihrem kritisch-selbstkritischen Aspekt deutlich zu erkennen. Indem glückliche zirzensische Zustände in Hetmanns utopischem Programm zugleich versprochen und durch vielfache Korruption eben dieses Programms wieder zurückgenommen werden, legen sie wenigstens drei Folgerungen nah. Erstens fehlt der gesellschaftlichen Gegenwart der zirzensische Glückszustand. Zweitens ist er, wie das Schicksal von Hetmanns Ideologie bezeugt, auch künftig weder erreichbar noch wünschenswert. Die dritte Folgerung scheint mir die gewichtigste für die Einschätzung des Zirkus-Komplexes: Wenn die dramatischen Ereignisse in

‚Hidalla' die Gleichung zwischen konkreter gesellschaftlicher Situation und Zirkusarena hinfällig machen — und zwar im Realis wie im begehrenden Potentialis —, dann kritisieren sie auch die grundsätzliche Gleichung des Circus mundi. Immanent, in und durch die Verhältnisse dieses Dramas selber, weisen sie dann auf die illusionären Irrtümer dieser Makrometapher. Auf das, was ich oben als Wedekinds anachronistische Verwechslung des zeitgenössischen Monopolkapitalismus mit seiner liberalistisch risikofreudigen Vorgeschichte unterstellt habe. Auch weiterhin wird scharf darauf zu achten sein, wie und wo sonst dies offenbar mehrschneidige Stück den Zirkuskomplex einsetzt und ob er nach wie vor die Antriebskräfte des imperialistischen Systems verklärt oder ob er sie aufklärt.

Der gehaltliche Trend von Hetmanns Ideologie macht auch im Stück ihren zeitweiligen Erfolg aus. Trifft er doch in der tatsächlichen Verfassung der kapitalistischen Gesellschaft auf einen tatsächlich bestehenden Mangel. Wo hat die Ideologie Erfolg? Bei denen, auf die sie zugeschnitten ist und die sie sich leisten können. Bei Müßiggängern der besitzenden Klasse, die von der Produktion anderer nutznießen. Begeistert sprechen sie an auf Hetmanns Lehre: Weil sie den Entfremdeten und Halbierten die Botschaft vom ganzen Menschen verkündet. Weil sie verdrängte, tabuierte Wünsche nicht bloß freispricht, sondern deren Verwirklichung zur quasi religiösen Pflicht erklärt. Weil sie einer nivellierten, nur nach Besitz gestaffelten Gesellschaft, deren Spitzen überlebten feudalen Rangstufen nachstreben, ein elitäres Programm darreicht. Wenn also Hetmann sein Programm vom schönen Rassemenschen ausdrücklich der besitzenden Klasse vorbehält, wenn daher die auserwählten Mitglieder seines Bundes allein aus ihr sich rekrutieren, dann stillt er das sehnlichste Begehren dieser Klasse: die physische und zugleich die metaphysische Nobilitierung ihrer bisher nur ökonomischen Überlegenheit.

Wie läuft es weiter ab, das Drama dieser Ideologie?

Obgleich sie dem erwerbslastigen Bürgertum antwortet und ihm verspricht, es über seinen Schatten hinwegzuheben, muß sie sich wohl oder übel seinen Verhältnissen anpassen. Seinen Marktgesetzen, seinen Umsetzungsmechanismen, seinem kulturindustriellen Apparat. Dafür sorgt der ausgekochte Manager Launhart. Er macht die Ideologie zum gigantischen Verkaufsschlager, was Hetmann seiner Mission zuliebe hinnimmt. Sogar die Staatsgewalt wird aufgestachelt, um die Publicity anzuheizen. Weil die emanzipatorischen Momente in Hetmanns Programm den Bestand bürgerlicher Überbaulichkeiten, vor allem die Familie, gefährden, greift die Polizei zu: Gellinghausen und Hetmann werden ins Gefängnis, Hetmann später ins Irrenhaus gesperrt.

Dies sind jedoch nur äußere Gewaltmaßnahmen, die der Ideologie zerstörerisch zusetzen. Einschneidender ist der Umstand, daß der gleiche kapitalistische Betrieb, der vorübergehenden Erfolg brachte, ihr auch den Garaus macht. Er entreißt ihr den Charakter einer unverwechselbaren Heilslehre mit Absolutheitsanspruch. Notwendigerweise. Denn die Absatz- und Umsatzmechanismen des kapitalistischen Betriebs ordnen sie zwangsläufig ein in die Fülle beliebiger Sensationen und höherer Volksbelustigungen, die auf dem Kulturmarkt vertrieben werden. So bleibt Hetmanns Ideologie zwar bis zum Ende des Stücks einträgliches Geschäft, aber nichts weiter. Das erhoffte Glück hat sie weder ihrem Schöpfer noch seinen Missionsobjekten gebracht. Einzig der kann frohlocken, der am gerissensten die Regeln der Konkurrenzgesellschaft im praktischen Alltag beherrscht und genutzt hat: der Geschäftsmann Launhart. Das ironisch dissonante Schlußtableau zeigt ihn, wie er buchstäblich über Leichen geht. Über die Leiche des lebensflüchtigen Lebensevangelisten Hetmann und über die Leiche seiner gleichfalls dahingerafften vitalistischen Fluchtideologie. Launhart macht sich obendrein über ihr prominentestes Opfer her, über die verzweifelte Fanny Kettler: „O Fanny, Fanny — ein lebendiger Schurke ist Ihrer Gesundheit zuträglicher als der größte tote Prophet!"

Launharts Schlußsatz ist beides in einem: er ist zynischer Nachruf auf Hetmanns Ideologie und ihr posthumer dialektischer Schluckauf. Der sie zu Tode kommerzialisiert hat, tritt gewaltsam ihr doppeltes Erbe an. Nachdem er Hetmann hat verrecken lassen, um sich das Manuskript seines Buchs ‚Hidalla' zu sichern, kapert er auch noch dessen platonische Geliebte. Und gibt in gefälschten kleinen Scheinen die Losungen aus vom schönen, ungestümen Leben — auf Kosten des Toten, der sie anders verstand und daran zugrunde gegangen ist.

*Zwischenbilanz II*

Stärker als bei Wedekinds Zeitgenossen, die streckenweise durch inhaltliche Momente der Hetmannschen Ideologie aktuell ansprechbar waren, heftet sich das Interesse eines heutigen Publikums ans Schicksal dieser Ideologie. An ihr Auf und Ab unter den Bedingungen der spätbürgerlichen Gesellschaft, deren spürbare Mängel die Idee wohlmeinend, aber trügerisch auszugleichen verspricht. Beide metaphorischen Komponenten des Circus mundi, den Wedekind in vielen seiner Stücke beschworen hat, kommen dabei ins Spiel: das Comparandum der Manege und das Comparatum des kapitalistischen Konkurrenzkampfs. Doch sie kommen, was den Sachverhalt zugleich verwickelt und vereinfacht, nunmehr dividiert ins Spiel. Genauer: sie dividieren sich im Verlauf des Spiels. Noch genauer: in dem Maß, wie die dramatische Aktion von ‚Hidalla' die vitalistische Schönheitsidee an ihren kapitalistischen Bedingungen zerbrechen läßt, im gleichen Maß bricht auch die Makrometapher von Circus mundi auseinander. Der wahre Mundus versagt sich dem falschen Circus. Die verbildlichte gesellschaftliche Basis trennt sich von ihrem vergoldenden Bild und verweist es als Blendwerk ins Arsenal von Hetmanns hinfälliger Überbaukonstruktion. Kurzfristig überdauern kann der metaphorische Zirkus (alias die utopische Schönheitszucht) allenfalls, solange er sich, wie der reale Zirkus auch, den Marktgesetzen beugt. Schon gar nicht taugt er — was Hetmann (alias Wedekind) die längste Zeit sich und andern vorgaukelt — zur Läuterung dieser Marktgesetze. Umgekehrt, die Marktgesetze tilgen die ideologische Verheißung der Zirkusmetapher, wie sie allenthalben schon ihr reales Äquivalent getilgt haben: das 'wahre', 'wilde', 'schöne' naturhafte Leben.

‚Hidalla‘, so hat sich gezeigt, ist nicht so sehr Hetmanns Drama wie das seiner missionarischen Idee. Es versinnlicht sich dem Publikum in einer planvollen Abfolge theatralischer Erwartungsstörungen. Sie werden von einer Dramaturgie verübt, die das Muster des ausgewogenen klassischen Ideendramas emphatisch beruft, um es sogleich Zug um Zug zu kompromittieren. Diesen Vorgang habe ich bisher nur obenhin und allgemein beschrieben. Auf welchen spezifisch szenischen Wegen und mittels welcher Wirkfaktoren er abläuft, wird jetzt einläßlicher zu betrachten sein. Denn anders wäre kaum stichhaltig auszumachen, wie denn welches Bild vom zirzensischen Drama jener zirzensischen Ideologie im Publikum sich aufbaut.

Kaum hat sich der Vorhang geöffnet, trifft den Zuschauer schon die Verballhornung klassischer Dramaturgie. In Form einer übertrieben ausgespielten *Exposition:* Da haben sich einige Leute zusammengefunden und gründen mit 300 000 Mark Startkapital eine Firma. Ins Blaue hinein. Denn es sind weder Produktionsmittel vorhanden, womit etwas zu erzeugen wäre; noch Güter, die umzusetzen wären; noch bestimmte Nachfragen, die zu decken wären. Nichts als zwei Männer zunächst, ein schlauer Hochstapler und ein bornierter Biedermann. Den einen treibt das Verlangen, möglichst rasch möglichst viel Geld zu machen. Den andern treibt die Braut, die eine Plattform benötigt für ihren Betätigungsdrang. Dies ist der Auftakt des Geschehens: eine Firma als Hohlform, ein leerer Rahmen auf der Suche nach einem einträglichen Inhalt.

Hier wird karikiert, was sich vollends im Spätkapitalismus als herrschendes Prinzip durchsetzt. Nur sich selbst bezweckend, sucht es, ungeachtet wirklicher Bedürfnisse, allein um des gewinnbringenden Produzierens willen zu produzieren. Die folgenden Akte des Dramas werden veranschaulichen, wie es in zwangsläufiger Eigenbewegung fortschreitend weiterproduzieren muß, weil der Mechanismus des einmal angekurbelten Apparats es fordert.

Die überdeutliche Exposition karikiert beides: den spätkapitalistischen Sachverhalt und zugleich darin und damit das Verfahren dramatischer Expositionen. Das heißt, die herkömmliche Technik, eine offene, labile, ergänzungsheischende Ausgangslage zu entwerfen, die nur noch eines anstoßenden Moments von außen bedarf, um sich in einer dynamischen Handlung zu entladen. Nachdem allerlei Möglichkeiten, von der Frauenbewegung über Kindererziehung bis zu einer Tageszeitung, erwogen und verworfen worden sind, ist man ratlos festgefahren. Sogar der wendige, überredsame Launhart gerät ins Stottern: „Wir brauchen etwas — denken Sie doch mal nach! — etwas, wie soll ich mich ausdrücken — etwas ..." (606). Just in diesem Augenblick wird sein vergeblich zielsuchender Satz unterbrochen. Ein Fremder läßt sich anmelden: Karl Hetmann.

Den skrupellosen Vorgängen entspricht ihr theatralischer Hergang. Eine Holzhammerdramaturgie, die alle guten Sitten des klassisch gepflegten Schauspiels schmäht. Während dort, im Namen der Wahrscheinlichkeit, szenische Konfigurationen sich allmählich und unauffällig verändern, in gleitenden Übergängen, die jedem Verdacht auf Zufall begegnen sollen, pocht Wedekind feixend auf die Willkürkonstruktion des fünfaktigen Kunststücks. Er treibt die Ecken und Kanten hervor und läßt schamlos in unverkleideten Scharnieren die ruckende Mechanik spielen. So erzielt er Sonderwirkungen, indem er bei der theatralischen Darbietung auch noch die Kniffe und Tücken des Metiers hervorkehrt. Wiederum in der Haltung des zirzensischen Schaustellers, der vor aller Augen den Aufbau des Käfigs überwacht und die Haltestricke des Sicherheitsnetzes festzurrt. Dramaturgisch also, stößt der Autor dem Publikum selber die Nase aufs Prekäre. Die Ausgangslage des Stücks verlangt, um nicht zu stocken, ein zufällig eintreffendes, weitertreibendes Ereignis. Ecco — da ist es. Knall und Fall, noch eh der Startschuß verhallt ist. Wedekind spitzt die dramatischen Verhältnisse zu. Er jagt die Situation auf ihren Spannungshöhepunkt und, prompt aufs Stichwort, bricht das erwartete Unerwartete von außen herein. Lupus in fabula. Der Wolf, obwohl hungrig, kommt nicht, weil er hungrig ist, sondern weil nach ihm gehungert wird.

Dieser Lupus-in-fabula-Effekt ist kein einmaliger Gag oder gar Lapsus. Er folgt einem szenischen Verfahren, das allenthalben in ‚Hidalla‘ tätig ist. Durchweg offenbart es dem Publikum die Fragwürdigkeit dessen, was geschieht und wie es geschieht. Soeben, im ersten Akt, weist Hetmann seinen frischen Geschäftspartner Launhart als unwürdiges Bundesmitglied zurück: da wird Morosini gemeldet, der unverfrorenste Fall unwürdiger Mitgliedschaft; und ausgerechnet dieser Mann spielt, als Strohmann, den Großmeister der schönen Rassemenschen. Soeben, im zweiten Akt, zerbricht sich Fanny Kopf und Seele, wie sie, um Hetmanns Achtung zu gewinnen, mit dem bedrückenden Gebot steter Gunstbereitschaft fertig werden soll, und entschließt sich endlich, in den sauren erotischen Apfel zu beißen („Jetzt also, dem ersten, der dir entgegentritt . . .“, 621): da wird das Obst schon angeliefert. Ein fremder junger Mann, Walo von Brühl, erscheint, den sie dann auch halbwegs erhören wird. Nach diesem ruppigen Prinzip des Lupus in fabula erfolgt nahezu jeder wichtige Personenauftritt, bis hin zum auslaufenden letzten Akt. Als Hetmann sich durchgerungen hat, nur noch für sich, unabhängig von Zustimmung oder Ablehnung der Umwelt, in Freiheit zu leben, in diesem Augenblick platzt Cotrelly herein. Mit einer Clownsrolle bietet er Hetmann genau die Freiheit an, die der *nicht* im Sinn hat. In dem aufdringlichen Gast verdichtet sich endgültig das schrille Mißverständnis, das die Umwelt Hetmann entgegenbrachte. Cotrelly kehrt nicht nur, wenn er darauf zu sprechen kommt, Hetmanns Moral ins bare Gegenteil. Er mißdeutet noch dessen persönlichen, körperlichen Ausdruck, indem er der verschreckten Gesichtszuckung der Gehetzten als kunstvoll hervorgebrachtem physiognomischem Witz applaudiert.

So gibt er ihm den Rest. Die Offerte, künftig als dummer August in der Manege aufzutreten, läßt Hetmann blitzartig die eigene Vergangenheit überschauen. Er war es längst und ist es noch: dummer August im Zirkus der bürgerlich kapitalistischen Gesellschaft, wo er um so mehr Gelächter erntete, je ernster er sich für seine und, wie er meinte, für ihre Sache einsetzte. Der Zwerg mit der Riesenseele wollte die seelisch verzwergten Zeitgenossen für das gewinnen, was ihm und ihnen fehlt: fürs schöne, animalische Raubtierleben.

Doch weder er noch sie konnten vor diesem heroisch überspannten Bild vom Zirkus bestehen. Er war ihnen nur gut in der Rolle des Clowns, während sie es vorzogen, auf ihren sicheren Tribünenplätzen zu verharren. Daß zumal in dieser brisanten Situation der kritisch-selbstkritische Aspekt von Wedekinds Zirkuskomplex durchschlägt, ist offensichtlich. Er richtet sein metaphorisches Instrumentarium im nachhinein wider die eigene unbekümmerte Ideologie.

Der selbstkritische Aspekt des Zirkuskomplexes, den Wedekind in ‚Hidalla' besonders herausarbeitet, nimmt in dieser Szene sogar selbstzerstörerische Ausmaße an. Vorausgesetzt, man berücksichtigt einen Umstand, den die meisten Inszenierungen nicht kenntlich machen, so daß er dem Publikum verborgen bleibt: Wedekind hat nämlich den Zirkusdirektor Cotrelly als keine eigenständige Dramenfigur veranschlagt, sondern als abgespaltenes anderes Ich des Karl Hetmann, das ihm visionär seine Aufwartung macht. Mit beziehungsvoller Pause führt er sich ein: „Ich möchte Sie gern in einer wichtigen Angelegenheit um ein — Selbstgespräch ersuchen." (660) Im Selbst-Gespräch also sind alle von Cotrelly geäußerten Mißverständnisse, Kränkungen und demütigenden Zumutungen Selbstverletzungen, die Hetmann dem Hetmann zufügt — mit letalem Ausgang. Zugleich sind sie, weil Hetmann Träger dieser Ideologie ist, auch selbstzerstörerische Ausfälle des Zirkuskomplexes gegen den Zirkuskomplex (in all seinen Bedeutungsdimensionen).

Karl Hetmann, der Zwergriese. Seine Tragik ist, daß ihm keine zugebilligt wird. Weder von der szenischen Umwelt noch vom Autor. Auch seinem selbstmörderischen Ende gebricht's, geradezu demonstrativ, an jeder dramenüblichen Stilwürde. Billig und banal geht das zu, wenngleich dabei die kleinkrämerische Pedanterie und hastige Beflissenheit quälend anrührt:

„Jetzt einen Strick! Aber rasch! Zum Einseifen ist keine Zeit mehr!" (Er reißt die Schubladen der Kommode auf, findet einen Strick und eilt damit in den Alkoven.) (662)

Auch dieser dramatische und biographische Abgang zitiert störend bestimmte theatralische Übereinkünfte, mit denen das bildungsbürgerliche Publikum rechnet. Mehrfach. Indem Wedekind den selbstmörderischen Gewaltakt den Augen der Zuschauer entzieht, huldigt er scheinheilig den feinsinnigen Filter-Regeln der klassizistischen Tragödie, um sie dann im bürgerlichen Ambiente von Kommode und Alkoven desto ärger zu deplacieren. Zugleich wird aber auch die vom eigenen Stück erzeugte Einstimmung auf Sensation betrogen. Denn keine atemberaubend zirzensische, dem knalligen Auftrittsverfahren entsprechende Abtrittsnummer erfolgt, wie sie das lärmende Leben des massenaufpeitschenden Vitalitätspropheten hätte nach sich ziehen müssen. Statt dessen ein schales, kümmerliches, abseitiges Sichverdrücken. Dennoch und darum wird dem Publikum abermals ein ästhetischer Nasenstüber verpaßt. Durch den Paukenschlag, der ausbleibt. Schon einmal zuvor hatte sich Hetmann in den Möglichkeiten zur großen Tat verrechnet. Als er die versachlichten Verhältnisse der bürgerlichen Öffentlichkeit mit dem melodramatischen Pathos der Zirkusarena verwechselte. Durch öffentlichen Opfertod wollte er seine Idee der kom-

merziellen Entweihung entreißen. Die angestachelte Volkswut sollte ihn zer-
fleischen und damit ein erhabenes Zeichen setzen. Doch das eine Wort Morosinis, dieser Mann sei „wahnsinnig" (648), reichte aus, um den anachronistischen
Akt zu hintertreiben. Nur zu gern ließ sich das aufgebrachte Volk zur bürgerlichen Tagesordnung zurückrufen. Ein Wahnsinniger kann diejenigen nicht
beunruhigen, die ohnehin jeden Störenfried als verrückt oder kriminell ab-
schieben.

Die szenische Herrichtung von ‚Hidalla' bezeigt: nicht nur die Auftritte der
Personen sind abrupt und gewaltsam — lupus in fabula —, ebenso abrupt und
gewaltsam kippt die dramatische Handlung, kippt der Verhaltensausdruck der
Handelnden selber um, kehrt sich Burleske in Jammer, kehrt sich Jammer in
Burleske. Denn Wedekind prellt das Publikum um eine weitere Erwartung, die
er mit seinem fünfaktigen Schauspiel geweckt hat. Die Erwartung, eine ein-
zige Stillage gelte und werde durchgehalten. Und zwar die gleichbleibend hohe
und dabei maßvolle Stillage, die dem ernsten Gewicht des Gegenstands gebührt.
Mitnichten. Der Autor weicht nicht nur ständig von diesem ausgeglichenen
Pegel ab, nach den beiden Richtungen Jammer und Burleske, er tut es zudem
in unversehenen, schroffen Umschlägen. Was er in seinem Zirkus-Prolog zum
‚Erdgeist' dem Publikum verheißt, die jähen Wechselschauer von „heißer Woll-
lust" und „kaltem Grauen", das erfüllt er in sämtlichen Stücken, zumal in
diesem.

All dies würde den Zuschauer minder befremden, hätte sich Wedekind in ‚Hi-
dalla' an Bautendenzen des offenen Dramas gehalten, das in Deutschland seit
Lenz mit lose hingefetzter Szenenfolge, mit Stilmischungen, mit raum-zeitlicher
Vielfalt, mit gezielten Mißproportionen aufwartet. Doch er entschied sich fürs
Muster des bedächtig austarierten geschlossenen Fünfakters. Erst auf dem
Parkett dieser Klassizität richten seine zirzensischen Seitensprünge die frucht-
bar heillose Unordnung an. Das gilt nicht nur, wie bisher beschrieben, für den
tragikomisch gewalttätigen Umgang mit der zentralen Idee, für die holzhäm-
mernde Auftritts- und Abtrittsdramaturgie sowie für die umkippenden Still-
lagen. Es gilt ebenfalls, was sich hier nur streifen läßt, für die Behandlung der
dramatischen Räume und Zeiten und der szenischen Tableaus. Auch in diesen
Elementen verstaucht Wedekind mit den evozierten hehren Mustern die daran
haftenden Rezeptionsmuster des Publikums.

Die *Räume:* Obwohl innerhalb der Akte die Schauplätze gleichbleiben; obwohl, in verhöhnter klassischer bienséance, die Massenszene mit Hetmanns
vergeblichem Märtyrergang ins aufgestachelte Volk nicht unmittelbar gezeigt,
sondern mittelbar von Boten berichtet wird: ist doch die so erzielte Klärung
des Raumes alles andere als integer. Weniger zählt dabei, daß sich die fünf
Akte auf vier Orte verteilen. Wichtiger ist die Beschaffenheit dieser Orte.
Es sind durchweg vorläufige, transitorische Lokalitäten. Stätten auf Abruf,
befristet, die weder öffentlich anerkannt sind noch privaten Schutz bieten,
noch das Gepräge derer annehmen, die darin wohnen oder vorübergehend sich
aufhalten. Somit widersprechen sie entschieden allem, was dramatischer
Raum im klassischen Fünfakter den Helden gewährt. Statt dessen: Im ersten Akt

eine großbürgerliche Villa, die der Hochstapler Launhart als Imponiergebäude bezogen hat, ohne die Miete zu bezahlen. Im zweiten Akt eine Redaktionsstube mit mehreren Türen; ein regelrechtes Durchgangszimmer, worin, ironischerweise, Fanny ihre schwere Gewissensentscheidung zur befohlenen freien Liebe fällen muß. Im dritten Akt und im fünften Hetmanns ärmliche, anonyme Bude, ein „möbliertes Studentenzimmer". Im vierten Akt das Gastzimmer eines größeren öffentlichen Lokals, das etwa die sekundierende Funktion einer Künstlergarderobe im Theater hat. — Allenthalben also Räume, die negativ, im Milieu verkommener bürgerlicher Zivilisation dem entsprechen, was Wedekind draußen im Freien positiv als Aufenthaltsort der antiseßhaften Fahrenden preisen würde.

Die *Zeit:* Auch ihre Verarbeitung widerstrebt, trotz der lückenlosen Aktverläufe, den klassischen Gepflogenheiten. Die Handlung umgreift insgesamt 3 Jahre. Zwischen Akt I und Akt II verstreichen 4 Monate; zwischen Akt II und Akt III verstreichen 1½ Jahre mit dem Gefängnisaufenthalt von Hetmann und Gellinghausen; zwischen Akt III und Akt IV verstreicht 1 Jahr; zwischen Akt IV und Akt V verstreicht ¼ Jahr mit Hetmanns Aufenthalt im Irrenhaus. Solche Daten ergäben kaum mehr als quantitative Aufschlüsse, berücksichtigte man nicht die Wirkung auf diejenigen, die diese Zeitstrecken durchleben. Mißt das Publikum, das brüsk genug darauf gestoßen wird, das Verhalten der dramatischen Personen an der verstrichenen Zeit, so kommt es zu einem merkwürdigen Befund. Eine innere Entwicklung läßt allenfalls Hetmann erkennen. Die andern sind starr die gleichen geblieben, die sie waren. Wo nicht, haben sie einen unbegründeten, unversehenen Ruck gemacht.

Nimmt man noch die inzwischen abgelaufenen äußeren Ereignisse hinzu, dann fällt desto mehr auf, wie gleichgültig Wedekind mit psychischen und gesellschaftlichen Einzelheiten umspringt. Ohne Vorbereitung und erklärende Winke muß der Zuschauer verkraften, daß Herr von Brühl binnen zweieinhalb Jahren eine Dissertation sowie eine Habilitationsschrift verfaßt und Professor wird — und das mit wissenschaftlichen Arbeiten über die aktuelle, umstrittene Weltanschauung Hetmanns. Zudem muß der Zuschauer hinnehmen, daß sich der gleiche schönheitsbesessene, ehrgeizige Herr von Brühl, wiederum hinter der Bühne, mit der häßlichen und unbegüterten Berta Launhart verheiratet, von der er auf der Bühne kaum je Notiz nahm.

Was liegt da vor? Bei Wedekinds hochbewußten Wirkberechnungen wäre es verfehlt, dramatische Schluderei zu argwöhnen. Eher ist anzunehmen, daß der Autor auch in diesem Punkt bewährte Techniken karikierend überdreht: hier die Technik der verdeckten Handlung, wohin alles verbannt wird, was als nicht szenenrein gilt. Ein Domestikationsverfahren immerhin, das den Vitalisten Wedekind zu ironischem Einspruch bewegt haben könnte. Wie dem auch sei, sicher ist: er pfeift aufs Wahrscheinlichkeitsgebot, dem sich in Aristoteles' Gefolge alle mimetischen Dramatiker bis hin zu Gerhart Hauptmann verpflichteten. Er erstrebt keine ausgepichte Stimmigkeit: weder im individuellen Verhalten der dramatischen Personen noch in ihren gesellschaftlichen Verhältnissen. Er zielt nur auf deren exemplarische, möglichst schrille Ausprägung.

Feinschliff wäre eher hinderlich, wenn, zum Beispiel, der Fall des Walo von Brühl schlagartig klarmachen soll, daß der strengste Anhänger der Hetmannschen Lehre unter den gegebenen Umständen abtrünnig wird und sie allein für sein persönliches Fortkommen einstreicht. Anders wäre dem Publikum nicht annähernd so heftig einzuschärfen, daß einer wie dieser in einer Gesellschaft wie dieser stolz und bei vollem Unschuldbewußtsein ihre charakteristischen Verhaltensregeln handhabt.

In szenische Sprache übersetzt, kann es sogar hier noch das Zirkusprinzip am Werk sehen. Denn Zirkus, der Außenordentliches als Tagesordnung ausruft, ebnet, wenn er sein Publikum unter den Dauerbeschuß superlativischer Sensationen nimmt, die individuellen Besonderheiten der Artisten ein. Erst recht kennt er keine personalen oder geschehnishaften Entwicklungen: sie widerstünden der Dressur (worin sein Ideologe Wedekind immer noch mehr Natur entdeckt als dort, wo nichts mehr zu dressieren ist). Statt dessen führt Zirkus in isolierten Nummern Einzel- und Gruppenleistungen vor, ohne sich um ihr Woher und Wohin zu scheren. Wenn die Dramaturgie in ‚Hidalla‘, obwohl sie dem Leben der dramatischen Personen hart zusetzt, ihnen dennoch stichhaltige innere Lebensläufe als überflüssig vorenthält, dann spielt sie auch in diesem Betracht Zirkus. Allerdings nicht zum Selbstzweck. Sie gibt vielmehr die Manege frei für ihre eigentliche Hauptattraktion: für den Salto mortale der Idee eines schwerelosen Kapitalismus unter seinen schwerkräftigen Realbedingungen. Und diese Bedingungen ernten, wie ‚Hidalla‘ zeigt, den letzten schmetternden Tusch. Wobei die Idee samt ihren ideologischen — nicht den geschäftlichen — Vertretern auf der Strecke bleibt.

Vollends die *szenischen Tableaus* verhelfen dazu, das Zirkuszelt über den trügerischen Fundamenten des klassischen Fünfakters zu spannen. Was sich da an vielfältigen psychischen und sozialen Regungen in und um die dramatischen Personen regt, lassen sie zusammenschnurren. Zu plakativen Körperformeln. Zu pantomimischen Schlagworten. Sie führen nichts aus, sie reißen nur an. Mit unerbittlicher Beharrlichkeit und Drastik nageln sie die gemeinte, meist peinigende Situation fest, um sie zu theatralisch zu notieren.

Fanny Kettler, deren überanstrengte Emanzipationsanläufe in einer Folge von Unterwerfungen sich erschöpfen: ihren Schicksalsweg markieren an entscheidenden Stationen flehentliche Kniefälle. Nachdem sie im ersten Akt sich mit großer Gebärde aus den Besitzansprüchen ihres Verlobten befreit hat, wirft sie im zweiten Akt „sich (Hetmann) zu Füßen", auf daß er seine Verachtung über ihre erotisch kleinmütige „Zwergseele" von ihr nehme (621). Im dritten Akt „sinkt (sie) vor ihm in die Knie", um ihn abzubringen von seinem selbstmörderischen Opfergang (640). Im fünften Akt — „sie ist vor ihm in die Knie gesunken" — setzt sie alle Energie daran, ihn doch noch für ihre inbrünstige Liebe zu gewinnen (656). Und im Finale, bei Hetmanns Leiche, wird sie schließlich von außen, gewaltsam ins Knie gezwungen: „Launhart lacht hell auf und drückt sie mit Gewalt vor sich nieder, so daß sie zusammengekauert vor ihm auf den Knien liegt." (663) Fannys letztes freiwilliges Unterwerfungstableau bestärkt noch eine ebenso plakative Dialogsprache, die in sturem Ostinato die wörtlichen und die bildlichen Dimensionen von Oben und Unten, von Erhaben und Niedrig auslotet.

„Laß dich" — fleht Fanny hinan — „aus deinen *Himmeln* vollends zu mir *herab,* nachdem du mich aus der Welt, in der andere leben, halb zu dir *emporhobst* [...] Nimm mich, um über meine *Niedrigkeit* zu lächeln, [...] Fürchte bei Gott nicht, ich wolle dich aus deinem *Himmel herabziehen!* Aber jeder *große* Mensch [...]" Worauf Hetmann, „sie *emporhebend",* sanft entgegnet: *„Steh auf,* mein *Kind.* Ich war mir augenblicklich nicht bewußt, wie *tief* ich in deiner Schuld stehe." (656 f. Hervorhebungen von V. K.)

Gestische und sprachliche Metaphorik verkoppeln sich, um das quälende Widerspiel von herablassender männlicher Huld und aufblickender weiblicher Devotion dem Publikum in sprechende szenische Embleme zu stanzen. Es ist schamlose Trivialmetaphorik. Gerade bei ihren grobsimplen Vertikalvorstellungen rufen sie im Zuschauer den vernutzten Bildervorrat der Alltagsphraseologie herauf, die zum abermalsten Mal 'die Nase hoch trägt', bis ihr 'das Herz in die Hose ruscht'; die 'groß tut', bis sie 'ganz klein wird'; die 'den Kopf in den Wolken' hat, solang sie nicht 'heruntergekommen ist'.

Fannys pantomimische Selbsterniedrigungen entstammen somit dem gleichen trivialen Bildbereich von Groß und Klein, von Hoch und Niedrig wie der titelspendende *Zwergriese,* auf den sie sich beziehen. In diesem oxymorischen Wortbastard verbindet sich, was als leibhaftiges Oxymoron wie ein seltenes Schau-Tier durch die theatralische Manege stampft: Karl Hetmann, der Makro-Geist im mickrigen Körper, dessen „von Leidenschaft sprühende Augen" jeden in Bann ziehen, wenn sein „zahnloser Mund" den Kult der schönen Leiber verkündet. Und wie der Dialog den riesigen Geist im Zwergenkörper (Hetmann), den inneren Zwergengeist (Morosini) und die Zwergenseele in der äußerlichen Schönheitsgröße (Fanny) beruft — so spielen die szenischen Tableaus wieder und wieder eben diese superlativisch aufgetriebenen Dimensionspole aus.

Im vierten Akt wächst sich das aus zum theatralischen Aberwitz. Während Hetmann seinen Opfertod in einer aufgebrachten Massenversammlung zu inszenieren sucht — wovon, wie gesagt, das Theaterpublikum nur über Botenberichte und Mauerschau erfährt —, ereignet sich sichtbar im Hinterzimmer der Großveranstaltung gleichfalls ein Kampf. Die reichen Gönnerinnen von Hetmanns Schönheitsbund, Mrs. Grant und die Fürstin, streiten sich um die Gunst des schönen Großmeisters Morosini. Wohlgefällig genießt der Begehrte das Ringen. Buchstäblich von oben herab. In einer Personalunion von Zuschauer, Schiedsrichter und Siegestrophäe:

*Morosini* (stellt einen Sessel auf den mittleren Tisch): Den Kampf muß ich von der Tribüne aus ansehen! Wo ist der Sekt? (Er füllt das bereitstehende Glas, steigt auf den Mitteltisch und nimmt auf dem Sessel Platz.) Das Wohl der Siegerin! (Er trinkt.) Schaumwein! Brr! — Hier mein Taschentuch! (Er wirft sein Taschentuch vor sich zur Erde.)
*Mrs. Grant* (zur Fürstin): Mich fragen, warum ich mische in Privatangelegenheiten? Weil du nehmen Geld für Privatangelegenheiten, wo ist kein Geld! Weil du sind Bettlerin! Bettlerin!

*Die Fürstin:* Kommen Sie einen Moment herunter, Morosini.
*Morosini:* Wenn Durchlaucht auf diesen Stuhl steigen wollen!
*Die Fürstin:* Wenn der Stuhl nur nicht zusammenbricht! (Sie steigt auf den Sessel neben dem Tisch und flüstert Morosini zu): Reich mir deinen Arm und führ mich aus dem Saal, dann hast du meine Hand!
*Mrs. Grant* (steigt auf den Sessel, auf dem sie vorher saß, und flüstert Morosini zu): Ich liebe Sie mit ganzer Seele, Morosini. Ich will zeigen Papiere von Einkünfte, daß ich habe zwanzigtausend Dollar in jede Jahr, das ist mein!
*Morosini* (zu Mrs. Grant): Ich komme herunter.
*Die Fürstin:* Dann — leb wohl! (Zu Mrs. Grant): Leben Sie wohl — gnädige Frau! (Sie steigt vom Sessel und geht ab.)
*Morosini* (steigt vom Tisch und kommt mit Mrs. Grant nach vorn): Sie möchten mich also effektiv heiraten?
*Mrs. Grant* (nimmt das Taschentuch auf): Ich nehme Taschentuch als Pfand von Verlobung.
*Morosini* (küßt sie): Beneidenswerter Engel!                              (648 f.)

Die Raumsymbolik arbeitet so überdeutlich wie abgeschmackt. Wo die kniefällige Fanny sich erniedrigte, erhöht sich hier Morosini, selbsttätig mittels bürgerlichen Mobiliars. Nicht nur aus eigner eitler Neugier, um besser zu überblicken, wie man zu ihm hinanhechelt. Mehr noch unterm Dressurzwang einer Nummerndramaturgie, die klobig bedeutsame Sinnbilder erheischt. Droben der schmackhafte Mann, drunten die lüsternen Weiber; droben der Preis, drunten die Anstrengungen. Wer am meisten leistet, reicht am höchsten. Vom alpinen Sport über 'Hau den Lukas' auf dem Jahrmarkt bis zum Wurstschnappen für Hunde spielt die umkämpfte szenische Vertikale mancherlei einschlägige Konkurrenzsituationen an. Am entschiedensten jedoch: die Auktion, die dem Meistbietenden den begehrten Gegenstand zuschlägt. Denn hier gilt nicht eigene, sondern Zahlkraft, wenn Mrs. Grant mit ihren 20 000 Dollar den Sieg davonträgt. Die Raumsymbolik, die von beiden Seiten die Damen auf die Sessel hochtreibt, damit sie zum ausersehenen Objekt hinaufhangeln können, besiegelt anschaulich den doppelsinnigen Vollzug einer Ersteigerung.

Morosini als Auktionator seiner selbst. Eine durchschlagend sinnfällige Schaunummer, die keine erläuternden Umstände braucht, um im Publikum zu haften. Sie steuert zur Tragödie von Hetmann und seiner Idee, die sich im gleichen Augenblick einer ebenso buchstäblichen Zerreißprobe aussetzen, das Satyrspiel bei. Wo jene hohen Ernst beansprucht, ergeht sich dieses in plattem Possenradau. Doch es ramponiert nicht nur den Stil, es ramponiert auch den Inhalt des vitalistischen Schönheitskults. Sein hervorragender Vertreter Morosini entpuppt sich aktuell als das, was er potentiell dem Publikum schon immer schien: als besonders komfortabler Gigolo. Hetmanns idealisch geforderte unpersönliche und interesselose Liebesbereitschaft der schönen Menschen vergegenständlicht sich in ihm und seinen Verbraucherinnen zum Liebesmarkt, den allein die Gesetze von Angebot und Nachfrage regeln. „Effektiv". Das Rennen macht Mrs. Grant, die nach marktwirtschaftlicher Werbeweise die Tauschwertaktion vertuscht, indem sie die 20 000 Dollar mit der Liebe ihrer

„ganzen Seele" umhüllt. Ebensowenig wie der Fürstin genügen ihr gelegentliche, innerhalb des Bundes vergesellschaftete Gunstleistungen. Sie besteht, wenn sie den Schönen für die Ehe einkauft, auf Privatbesitz.

Nochmals: ein Satyrspiel, mit zirzensischen Mitteln, auf Hetmanns erhabene Zirkusideologie, das sich unweigerlich erfüllt, sobald die Wirklichkeit ihre Verklärung einholt. Aufgeführt hat es Wedekind mit Wedekind gegen Wedekind. Zunächst einmal vorm selbstsicheren wilhelminischen Publikum, das minder zwiespältig war als er. Deshalb war es aber auch weniger darauf gefaßt, daß da — anfeuernd/abschreckend/anfeuernd/abschreckend — die eigenen Gewaltakte und Fratzen aus der Bühnenmanege entgegenblickten. Aktuell sind sie noch heut.


## Anhängsel

Als Kuriosum möchte ich noch einen Text anführen, der mit witzigem Wirklichkeitssinn das Verhältnis von Zirkus und marktgerechtem Verhalten erörtert. Es geht darin um — Zwergriesen. Nur, sie treten nicht in allegorischer Personalunion auf, sondern getrennt in Zwerge und Riesen, als wechselseitig verbundene Konkurrenten mit je anders ausbeutbaren Qualitäten. Der Text, gut 60 Jahre früher als ,Hidalla', stammt aus England, wo damals schon Realität und Illusion des Manchesterkapitalismus verblaßten. Ich zitiere kürzend die Plauderei einiger fahrender Schausteller am Kamin eines Wirtshauses, im 19. Kapitel von Dickens' ,The old Curiosity Shop' (1840/41):

"How's the giant?" said Short, when they all sat smoking round the fire.

"Rather weak upon his legs", returned Mr. Vuffin. "I begin to be afraid he's going at the knees."

"That's a bad look-out", said Short.

"Aye! Bad indeed", replied Mr. Vuffin, contemplating the fire with a sigh. "Once get a giant shaky on his legs, and the public care no more about him than they do for a dead cabbage-stalk."

"What becomes of the old giants?" said Short, turning to him again after a little reflection.

"They's usually kept in caravans to wait upon the dwarfs", said Mr. Vuffin.

"The maintaining of 'em must come expensive when they can't be shown, eh?" remarked Short, eyeing him doubtfully.

"It's better that, than letting 'em go upon the parish or about the streets", said Mr. Vuffin. "Once make a giant common, and giants will never draw again. Loc at wooden legs. If there was only one man with a wooden leg what a property *he*'d be!"

"So he would"! observed the landlord and Short both together. "That's very true."

"Instead of which", pursued Mr. Vuffin, "if your was to advertise Shakespeare played entirely by wooden legs, it's my belief you wouldn't draw a sixpence."

"I don't suppose you would", said Short. And the landlord said so too.

"This shows, you see", said Mr. Vuffin, waving his pipe with an argumentative air, "this shows the policy of keeping the used-up giants still in the caravans, where they get food and lodging for nothing all their lives, and in general very glad they are to stop there. There was one giant — a black 'un — as left his carawan some year ago and took to carrying coach-bills about London, making himself as cheap as crossing-sweepers. He died. I make no insinuation against anybody in particular", said Mr. Vuffin, looking solemnly round, "but he was ruining the trade — and he died."

[...]

"I remember the time, when old Maunders had in his cottage in Spa Fields in the winter time, when the season was over, eight male and female dwarfs setting down to dinner every day, who was waited on by eight old giants in green coats, red smalls, blue cotton stockings, and high-lows; and there was one dwarf as had grown elderly and wicious who, whenever his giant wasn't quick enough to please him, used to stick pins in his legs, not being able to reach up any higher. I know that's a fact, for Maunders told it me himself."

"What about the dwarfs when *they* get old?" inquired the landlord.

"The older a dwarf is, the better worth he is", returned Mr. Vuffin; "a gray-headed dwarf, well-wrinkled, is beyond all suspicion. But a giant weak in the legs, and not standing upright! — keep him in the carawan, but never show him — never show him — for any persuasion that can be offered."

*Ernst Nef*

## Der betrogene Betrüger wider Willen

In seinem 1903/04 entstandenen Theaterstück ‚Hidalla‘ bzw. ‚Karl Hetmann, der Zwergriese‘ läßt Wedekind mit Karl Hetmann eine Hauptfigur auftreten, die — was etwa bei den Protagonisten von Wedekinds Zeitgenossen Ibsen nichts Außerordentliches darstellt — ein moralisch-weltanschauliches Programm verficht. Im Oeuvre Wedekinds ist die Tatsache eines solchen Programms zu dem Zeitpunkt neu. Der Marquis von Keith zwar, im gleichnamigen Stück, das fünf Jahre vor ‚Hidalla‘ entstand, hat ein Programm, und der Versuch zu dessen Durchsetzung bildet, wie in ‚Hidalla‘, gleichsam den dramatischen Faden des Stücks. Aber Keiths Lebensprogramm, nämlich um jeden Preis in die bürgerliche Gesellschaft einzudringen und seine Aufnahme in dieser zu erzwingen, unterscheidet sich wesentlich von dem Karl Hetmanns dadurch, daß es ganz an seine Person gebunden und auf diese beschränkt ist. Gelänge Keith, zu erreichen, wonach er strebt, würde das vielleicht eine Erlösung für ihn selber bedeuten, aber nicht für die Welt — so weit denkt Keith gar nicht, er hat nur sein eigenes Glück im Sinn; auch keine Erlösung wenigstens für einen Teil der Welt, etwa für die Reichen, für die der anspruchsvollere Karl Hetmann seine Utopie bereithält.

Hetmann formuliert ein überindividuelles, weltanschauliches Glücksprogramm. Daß es sich dabei um ein formuliertes Programm, um eine zum vornherein entwickelte Theorie handelt, und nicht etwa um Ideale, die im Verlauf ihrer Entwicklung erst auch Gestalt gewinnen, war Wedekind offensichtlich wichtig: Nicht nur läßt er mehrmals die Rede sein von Vorträgen, Aufsätzen und auch einem Buch, das Hetmann geschrieben hat; er gibt seinem Theoretiker Hetmann zudem auch Gelegenheit, seine Theorie in der Präsenz des Bühnengeschehens vorzutragen, und schafft im 3. Akt durch die Figur des aus wissenschaftlichen Gründen an Hetmanns Lehre interessierten Walo von Brühl eigens einen dramatisch plausiblen Anlaß dazu.

Hetmanns Programm ist wichtig; aber nicht etwa, weil Wedekind damit auf Absolutheit aus wäre, das heißt sich identifizierte.

Schon das schließliche Scheitern Karl Hetmanns mit seiner Lehre relativiert diese. Darüber hinaus ist offensichtlich manches faul an Hetmanns Unternehmen und an dem, was er lehrt. Hetmann geht aus von dem, was er selber seinen „Glauben an den Seelenadel der Schönheit" nennt [1], das heißt vom Glauben an die notwendige, unmittelbare Einheit körperlicher und geistiger Perfektion. Daran sollte ihn eigentlich schon seine eigene Häßlichkeit zweifeln lassen. In der Bühnenanmerkung wird Hetmann mit aller wünschbaren Deutlichkeit als „eine schiefgewachsene, unansehnliche Erscheinung, zahnlos, mit

---

(1) Wedekind, Frank: Gesammelte Werke, Bd. 4. München und Leipzig 1919, S. 219.

dünnem Haar", bezeichnet.[2] Und um diesen Umstand, Hetmanns Häßlichkeit, dem Zuschauer auch ganz sicher bewußtzumachen, läßt Wedekind bei Hetmanns erstem Auftreten den Verleger Launhart diesbezüglich noch die unverblümte, ironische Bemerkung machen: „Was ich noch fragen wollte — zeichnen sich die Angehörigen Ihres Bundes alle in so hervorragendem Maß durch Schönheit aus wie Sie?" Worauf Hetmann erwidert: „Ich bin natürlich nicht Mitglied des Bundes; ich bin vom Bund nur als Sekretär in Dienst genommen."[3] Was auch wieder nicht ganz stimmt. Hetmann nimmt es hier nicht so genau mit der Wahrheit; denn mit der Bescheidenheit: „Ich bin vom Bund nur als Sekretär in Dienst genommen", verschleiert er die eigentliche Wahrheit, nämlich daß er ja die treibende Kraft, Initiator, Mittelpunkt, geistiges Oberhaupt und tatsächlicher Leiter des Bundes ist und nicht nur ein Angestellter, ohne den der Bund auch existieren würde. Der häßliche Hetmann ist gleichsam der peinliche Pfahl im Fleisch seiner eigenen Lehre.

Vollends lächerlich wird des Protagonisten Propagierung des „Seelenadels der Schönheit" schließlich durch das Auftreten der Figur des „Großmeisters" des Bundes, Pietro Alessandro Morosinis. Wedekind, der gern sehr deutlich ist, fügt hier ebenfalls eine ironische Bemerkung ein; diesmal ist es Berta, die Hetmann unverfroren spöttisch fragt: „Das also ist in Ihren Augen der Inbegriff menschlicher Vollkommenheit?"[4] Und Morosini ist, wie sich dann zeigt, nur ein schöner Schlappschwanz, eine bloße ästhetische Attrappe. Mit keiner geringeren Figur begnügt sich der Autor als dem Repräsentanten, dem „Großmeister" des Bundes, um Hetmanns Lehre vom „Seelenadel der Schönheit" zu widerlegen.

Auch in dieser Szene erweist sich Hetmann als kleiner Schwindler, der sehr wohl weiß, was für ein „Götzenbild" (dieses Wort braucht er wenig später selber seinem „Großmeister" gegenüber[5]) er sich mit diesem Morosini zugelegt hat, dessen eigenmächtiges, unerwartetes Auftreten zu einem Zeitpunkt, da Hetmann einen möglichst günstigen Eindruck erwecken möchte, ihm nicht nur peinlich ist, sondern das er ganz grobschlächtig zu verhindern sucht:

*Hetmann* (bleich vor Zorn): Unerhört! (Zu Fritz:) Ich lasse den Herrn bitten, im Gasthof drüben noch fünf Minuten auf mich zu warten!
*Launhart:* Wer ist denn das, sagen Sie mal!
*Hetmann* (verlegen): Das ist — niemand. Ein Bekannter von mir . . ."[6]

Das erste Auftreten des doch von Hetmann selber eingesetzten „Großmeisters" des ebenfalls von ihm gegründeten Bundes wird dadurch eingeleitet, daß Hetmann seine Kreatur verleugnet.

Nicht die Wahrheit also repräsentieren Hetmann und seine Lehre. Andrer-

(2) [Anm. 1], S. 204.
(3) [Anm. 1], S. 206.
(4) [Anm. 1], S. 210.
(5) [Anm. 1], S. 215.
(6) [Anm. 1], S. 210.

seits erscheint doch nicht alles, was Hetmann lehrt, einfach als falsch. Schon längst hat die Wedekind-Literatur festgestellt, daß die Ideen Hetmanns in dem Stück und Ideen Wedekinds, die dieser schon vor ‚Hidalla‘ vertrat — in ‚Frühlings Erwachen‘ oder im ‚Liebestrank‘, in der ‚Jungen Welt‘, in der ‚Lulu-Tragödie‘ —, sehr verwandt, ja zum Teil identisch sind, etwa die Befreiung der Sexualität von einigen gesellschaftlichen Zwängen oder die Idee der vollen Anerkennung der Sinnlichkeit des menschlichen Wesens. Zudem ist es wohl nicht Zufall, daß Hetmann in ‚Hidalla‘ vierzigjährig ist[7], genauso alt wie der Autor, als er das Stück verfaßte. Es besteht ein gewisses Verhältnis der Identifikation zwischen Wedekind und seiner Figur Hetmann; auch wenn Wedekind später, im Aufsatz ‚Begegnung mit Josef Kainz‘, versichert: „Keiner Person in meinen Stücken habe ich jemals meine eigenen Überzeugungen in den Mund gelegt.“[8]

Man kann auch nicht sagen, Wedekind habe mit Hetmann eigene Überzeugungen dramatisch zu Grabe getragen. Zum Beispiel finden sich in den Notizen zu dem allerdings unvollendet gebliebenen Schauspiel ‚Die Jungfrau‘ aus dem Jahre 1908, also vier Jahre nach ‚Hidalla‘, noch Gedanken Wedekinds, die ganz übereinstimmen mit den Äußerungen Hetmanns über die Stellung der Dirne, eine der „drei barbarischen Lebensformen“ in unserer Zivilisation, wie Hetmann sie nennt.[9]

Der Autor will seinen Protagonisten, den er zwar bereits im Titel „Zwergreise“ nennt, nicht pauschal ins Unrecht versetzen. Dafür gibt es noch einen sozusagen authentischen Beleg, authentisch weil ihn die Handlung des Stücks selber liefert. Es handelt sich um Hetmanns Ansichten über die Jungfräulichkeit. Walo v. Brühl gegenüber bezeichnet Hetmann als eine weitere der bereits erwähnten „barbarischen Lebensformen“ die „zum Zweck einer möglichst günstigen Verheiratung gewahrte Unberührtheit des jungen Weibes“.[10] Im vierten Akt trachtet Hetmann die Menge zur Raserei gegen ihn zu reizen, indem er wiederum „die Unberührtheit des jungen Weibes“ zum Gegenstand seines Spotts macht und sie „eine schmachvolle Spekulation“, „ein jeder sittlichen Bewertung unwürdiges Sklavenmerkmal“ und „die Vergötterung der Selbstverachtung“ der Frau nennt.[11] Dieser Ansicht wird recht gegeben in der Handlung des Stücks, im ersten Akt, unmittelbar vor Hetmanns erstem Auftritt, wo Gellinghausen die Verlobung mit Fanny auflöst, als er erfährt, daß sie bereits einmal ein Liebesverhältnis hatte, allerdings bereits drei Jahre zuvor, aber demnach nicht mehr unberührt ist:

„*Gellinghausen:* Warum hast du mir nichts gesagt, als ich um deine Hand anhielt? . . .
*Fanny* (mit Nachdruck): Weil ich glaubte, daß du mich um meiner selbst willen — als das, was ich bin — zur Frau haben wolltest!“

(7) Vgl. Anm. 1, S. 232.
(8) Wedekind: Gesammelte Werke, Bd. 9. München 1924, S. 373.
(9) Vgl. Anm. 8, S. 187 f.
(10) Bd. 4 [Anm. 1], S. 238.
(11) [Anm. 1], S. 253.

Auf das schließliche „Dann ist es also aus!" von Gellinghausen erläutert Fanny mit ihrer Erwiderung zugleich die Bedeutung dieser Szene:

*Fanny:* Deswegen bin ich also jetzt nichts mehr?! — Das also war die — Hauptsache an mir?! — Läßt sich eine — schmachvollere Beschimpfung für ein menschliches Wesen ersinnen? — als deswegen, um eines solchen — Vorzugs willen — geliebt zu werden?! — — Als wäre man ein Stück Vieh!" [12]

In der Präsenz des Bühnengeschehens kommt hier unmittelbar zu Darstellung, was Hetmann später als Theorie äußert, und bekräftigt ihn damit.

Die Idee vom „Seelenadel der Schönheit", von der unmittelbaren Einheit körperlicher und geistiger Perfektion wird im Stück selber widerlegt; anderes, was Hetmann lehrt, wird jedoch gelten gelassen. Hetmanns Scheitern läßt sich demnach weder festlegen als richtig sich einstellender Mißerfolg eines Mannes mit einer falschen Lehre noch als tragischer Untergang einer herrlichen Idee.

Das Problem der Tragödie bei Wedekind stellt sich vor allem, man ist aufmerksam geworden darauf, durch Wilhelm Emrichs Lulu-Aufsatz. Darin spricht Emrich von der modernen Unmöglichkeit der Tragödie, beziehungsweise der „Tragödie der Tragödie" bei Wedekind, in bezug auf ‚Erdgeist' und ‚Die Büchse der Pandora'. Er erklärt die neue, eigentlich unmögliche tragische Situation Lulus so: „Das ist eigentlich das Neue in der tragischen Konfliktsituation Lulus: Der unbedingte Anspruch und Wert, der in Kollision mit den bedingten menschlichen Werten gerät, läßt sich im Unterschied zur älteren Tragödie in keiner Weise mehr definieren." [13] Letzteres trifft nun für Karl Hetmanns Konfliktsituation aber gerade nicht zu. Hetmann definiert seinen Anspruch; Wedekind läßt seinen Protagonisten für etwas kämpfen, das dieser auch ausführlich formulieren kann. Hetmann scheitert mit genau definierten Ansprüchen und Werten. Er wird freilich dabei doch nicht zum traditionellen tragischen Helden; das bleibt noch zu bedenken.

Woran scheitert dieser Protagonist mit seiner Lehre? Er kommt wie Keith und Lulu von außerhalb der bürgerlichen Gesellschaft. Sein Vorleben wird zwar nicht dramatisch dargestellt, aber wir erfahren davon durch Hetmanns Bericht: „Mich stieß die menschliche Gesellschaft einst als unbrauchbar aus ihren Kreisen aus. Ich ging nicht zugrunde, kam zurück und bot ihr wieder meine Dienste an. Die menschliche Gesellschaft stieß mich wieder als unbrauchbar hinaus, ich ging wieder nicht zugrunde, ich kam wieder zurück. ich bot ihr wieder meine Dienste an. An ein Dutzendmal in meinem Leben hat sich dieser Vorgang wiederholt." [14]

Hetmann ist ein Außenseiter; er scheitert, wie die Außenseiter Keith und Lulu und noch eindeutiger Moritz Stiefel in ‚Frühlings Erwachen', in der Gesellschaft, an deren Widerstand. Aber er ist nicht so erfolglos wie jene.

(12) [Anm. 1], S. 200 f.
(13) Emrich, Wilhelm: Die Lulu-Tragödie. In: Das Deutsche Drama, hrsg. von Benno von Wiese. Düsseldorf 1958, S. 209.
(14) Bd. 4 [Anm. 1], S. 216.

Während Keith stets hochstaplerisch leben muß, auf Pump, von Anleihen, und Lulu schließlich in einer Londoner Dachkammer landet, kann Hetmann schon bei seinem ersten Auftreten sogar einen so hartgesottenen Geschäftsmann wie Launhart beeindrucken mit einer Bankabrechnung über das Vermögen seines Vereins. „Alle Achtung! — Darf ich Ihnen eine Zigarre anbieten", sagt Launhart, wie er den Kontoauszug gesehen hat.[15] Der Hetmannsche Bund erlebt zwar nach Launharts Flucht und Hetmanns Verhaftung zwischen dem zweiten und dritten Akt eine schwere Krise, aber im vierten Akt kann Launhart Hetmann wieder attestieren, seine Popularität sei fast so groß wie diejenige seines, Launharts, Schwiegervaters, des offensichtlich sehr mächtigen Staatsministers.[16] Und auch am Schluß bleibt der Name Hetmann noch ein außerordentliches Zugpferd und das Publikum offenbar interessiert an Hetmann. Denn das Stück endet damit, daß Launhart, dem wir keine geschäftliche Fehlkalkulation zutrauen dürfen, sich bei Fanny um das letzte, nachgelassene Werk Hetmanns bemüht, dessen Herausgabe Launhart besorgen will.[17]

Aber der Erfolg, den Hetmann hat in der Gesellschaft und an dessen Zustandekommen Launhart sich wesentlich beteiligt, ist nicht, was Hetmann eigentlich will. Launhart und Hetmann arbeiten zusammen; aber jeder unter seinen eigenen Voraussetzungen. Als Hetmann äußert: „Der Tod wird zur unerläßlichsten Bedingung des Lebens", und damit darauf anspielt, daß er meint, durch Opferung seines eigenen Lebens etwas für die Zukunft, für das Leben seiner Lehre bzw. des Hetmannschen Bundes tun zu können, nimmt Launhart diesen Satz mit stillschweigender Zustimmung auf. Daß dieses Stillschweigen Launharts geschäftliche Überlegungen impliziert — nämlich daß es ihm wohl recht sein kann, wo finanziell etwas dabei herausschaut, wenn Hetmann sich umbringen lassen will —, schien Wedekind offenbar zu wenig deutlich; so läßt er in der zweiten Ausgabe, dem definitiven Text von ,Hidalla', Launhart weiterreden: „Der Tod wird zur unerläßlichsten Lebensbedingung. Wissen Sie, was ich schon längst einmal gern möchte? Ich möchte ein Eisenbahnunglück mitmachen, bei dem zwanzig Personen zu Krüppeln zerdrückt würden, während ich mit heiler Haut davonkäme. Das wäre eine Riesenreklame für mich. Die Menschen würden sagen: Gott hält seine schützende Hand über Launhart." [18]

Launhart möchte einen spektakulären, schweren Unglücksfall mitmachen, um aber am Leben zu bleiben. Für irgend etwas zu sterben ist Launhart ein völlig unsinniger Gedanke. Denn seine ganze Existenz, sein Wesen vollzieht sich innerhalb der bestehenden Gesellschaft; alles, was er tut und denkt in dem Stück, geschieht in bezug auf sie. Er ist der vollkommene Insider; Insider aus Überzeugung. Außerhalb des durch die bestehende Gesellschaft bestimmten, vermittelten Lebens gibt es für ihn nichts.

(15) [Anm. 1], S. 205.
(16) Vgl. Anm. 1, S. 244.
(17) [Anm. 1], S. 265.
(18) [Anm. 1], S. 242 und S. 248; vgl. Wedekind: Hidalla oder Sein und Haben. München 1904 (E. A.), S. 88.

Deshalb ist auch der für die zweite Ausgabe abgeänderte Schluß des Stücks dem Charakter dieser Figur angemessener, wo Launhart nur noch versucht, an den Nachlaß Hetmanns heranzukommen, und nicht auch noch, wie in der Erstausgabe, sich Fanny Kettlers erotisch zu bemächtigen.[19] Denn was sich nicht zu gesellschaftlicher Anerkennung, das heißt finanziell, ausmünzen läßt — und für ein Abenteuer mit Fanny besteht eine solche Aussicht nicht —, sprengt den Rahmen dieser Figur. Auch Gott — wie der Schluß des eben angeführten Zitats zeigt: „Das wäre eine Riesenreklame für mich. Die Menschen würden sagen: Gott hält seine schützende Hand über Launhart" — gilt ihm ganz selbstverständlich nur, soweit dieser im profansten Sinne geschäftlich relevant ist.

Die Figur Launharts existiert durch und durch und ausschließlich in der bestehenden Gesellschaft. Hierin ist er Gegensatz zum Außenseiter Hetmann. Hetmann kommt von außerhalb dieser Gesellschaft und zielt über sie hinaus. Im Anschluß an die bereits angeführte Stelle, wo Hetmann berichtet, wie er „an ein Dutzendmal" versucht habe, in die Gesellschaft zu gelangen, und immer wieder zurückgewiesen worden sei, sagt er: „Niemanden kann es wundern, daß mich der Kampf draußen mit den Elementen auf andere Gedanken brachte, als man in der bürgerlichen Gesellschaft hegt."[20]

Jene Gedanken von außerhalb, jene im „Kampf draußen mit den Elementen", das heißt in einem nicht einfach durch die Gesellschaft vermittelten Leben gewonnene Gedanken möchte Hetmann nun in dieser Gesellschaft verwirklichen; genauer: mit jenen Gedanken möchte er die bestehende Gesellschaft verändern, reformieren. Nicht etwa, weil er keinen Erfolg hätte, ist Hetmann ein Außenseiter; sondern weil er etwas von einem nicht durch die „bürgerliche Gesellschaft" vermittelten Leben geschmeckt hat und dadurch auf andere Gedanken kam, ist er es geworden.

Was Hetmanns Gedanken grundlegend unterscheidet von den in dem Leben maßgeblichen, das die ihn umgebende Gesellschaft vermittelt, ist, daß sie nicht unmittelbar einen finanziellen Profit implizieren. Sein Programm ist ja auch nur für die Reichen, für die bereits „begüterte Menschheit".[21] Mit einem Leben, einem Ernstnehmen seiner Lehre läßt sich nicht auch schon Geld verdienen. Erst in der Form ihrer Ausnützung, ihrer Funktionalisierung nach den Prinzipien der bestehenden Gesellschaft vor allem durch Launhart schaut etwas heraus aus Hetmanns Lehre. Erst durch ihre Trimmung auf Profit wird sie gesellschaftskonform.

Des Außenseiters Hetmann Ziel ist aber gar nicht die Anerkennung durch die bestehende Gesellschaft, nicht der finanzielle Erfolg. Dies macht ihm auch seinen Erfolg nicht ganz geheuer: „Mir ist diese Hochflut des Erfolgs verdächtig"[22], sagt er bereits im zweiten Akt. Ein Satz, auf den Launhart nie kommen

(19) Vgl. E. A., S. 112.
(20) Bd. 4 [Anm. 1], S. 216.
(21) [Anm. 1], S. 237.
(22) [Anm. 1], S. 213.

könnte. Der strenge Opportunist kennt nur die platte Phänomenalität des Erfolgs in der Gesellschaft; da ist nichts dahinter, auf das hin dieser Erfolg etwa als unecht verdächtigt werden könnte. Wogegen Hetmann eigentlich auf Bekehrung aus ist. Die bestehende Gesellschaft kann Hetmanns Bestreben gar nicht zufriedenstellen, sie veränderte sich denn und wäre dann eben nicht mehr die bestehende Gesellschaft.

Nicht Anerkennung durch diese Gesellschaft, vielmehr ihre Aufhebung — im beschränkten Rahmen seiner Lehre — hat Hetmann im Sinn. Hierin scheitert er total. Erfolg mit oder in der bestehenden Gesellschaft gibt es hier nur unter den Bedingungen dieser Gesellschaft; so zukunftslos, geschlossen ist diese.

Bei der Zusammenarbeit von Launhart und Hetmann ist Launhart der Überlegenere; denn er hat die Wirklichkeit, das heißt die Objektivität der Gesellschaft, ihren 'Geist' auf seiner Seite. Nur faule, Hetmanns Idee qualitativ entstellende Kompromisse machen den Erfolg möglich, den Hetmann hat — von den kleinen, bereits erwähnten Schwindeleien bis zu dem von Hetmann geplanten Opfertod, dessen Erfolg doch kein individuelles Sterben für eine große Sache darstellen würde, vielmehr nur noch ein auf Publicity getrimmtes Verrecken.

Im Gegensatz zu Hetmann ist Launhart insofern ein klarer Kopf, als er, für den die Bedingungen der bestehenden Gesellschaft selbstverständlich sind, weiß, was er will, weiß, worauf er sich einläßt, wenn er auf Erfolg aus ist. Dagegen ist Hetmann blind, da er etwas konzipiert, das es gar nicht geben kann. Daher stimmt denn auch nichts richtig, ist alles ein wenig faul an den Verwirklichungen von Hetmanns Programm.

Hetmanns gesellschaftliche Naivität — deren schließlichen Verlust er mit seinem Selbstmord bezahlt — läßt ihn vorerst auch nicht merken, daß unter den Bedingungen der bestehenden Gesellschaft der Außenseiter eine absurde Figur ist. Das geht ihm erst auf nach seiner zwischen dem vierten und dem letzten Akt liegenden Internierung in der psychiatrischen Anstalt, aus der er als normal entlassen wird. Sein letztes Gespräch mit v. Brühl zeigt, daß sich bei ihm ein Erkenntnisprozeß vollzogen hat:

„*Hetmann:* Wie kann ich mich als *normaler Mensch* seit frühester Kindheit in einem so abgrundtiefen, unüberbrückbaren Gegensatz zur *normalen Welt* befinden?! — — Mögen mich daher die Professoren beurteilen, wie sie wollen, ich weiß, was ich von mir zu halten habe. Deshalb habe ich mich auch entschlossen, von heute ab über die normale Welt als über etwas hinwegzusehen, was für mich *gar nicht mehr vorhanden ist!*

*v. Brühl:* Es ist bedauerlich genug, daß der Hetmannismus voraussichtlich noch Jahrzehnte auf die ernste Anerkennung warten muß, die ihm gebührt.

*Hetmann:* Sind Sie, Herr von Brühl, denn wirklich betört genug, um aufrichtig daran zu glauben, daß zum Beispiel die drei barbarischen Lebensformen, von denen ich sprach, jemals von der Menschheit allgemein als solche beurteilt werden?! — Daß zum Beispiel meine Behauptung: ‚Die Bewertung der Jungfräulichkeit ist unsittlich', jemals als der Gedanke eines vernünftigen Menschen angesehen wird?!

*v. Brühl:* Dessen bin ich vollkommen sicher!

*Hetmann:* Ich nicht! Aber mich kümmert Gott sei Dank keine Anerkennung mehr!

Bei meiner jetzigen Selbsterkenntnis muß mir jede Anerkennung, komme sie von wem sie wolle, von vornherein verdächtig sein! Ich weise sie zurück! Ich verfolge von heute ab nur noch das eine Ziel, mir meine Freiheit zu wahren! Meine durch nichts beschränkte Freiheit! Meine unantastbare Freiheit!" [23]

Hetmann gibt hier jede Veränderung, Reformierung der bestehenden Gesellschaft auf, indem er nicht seine Lehre zwar, aber deren Verwirklichung zurücknimmt. Er versteht sich jetzt selber als nicht normal; das heißt, er anerkennt die Absolutheit der Norm dieser Gesellschaft; so rechnet er auch nicht mehr mit der Zukunft.

Er befindet sich damit an der Schwelle zur Erkenntnis, daß seine Lehre statt eine Utopie im Sinne eines Ideals, woraufhin die Wirklichkeit sich entwickeln soll, eine Utopie im ganz ursprünglichen Sinn des Worts οὐτοπος, 'nirgendwo', darstellt. Ins Nirgendwo, ins Nichtige, das heißt aus der bestehenden Gesellschaft hinaus, manövriert sich der Außenseiter Hetmann mit seiner Lehre; aus der bestehenden Gesellschaft hinaus, deren Norm doch absolut gilt. Das ist eine absurde Situation. Wörtlich genau führt unter den Bedingungen der bestehenden Gesellschaft den Außenseiter seine Lehre ad absurdum.

Hetmann hofft, dadurch, daß er nichts mehr mit dieser Gesellschaft, mit der „normalen Welt" zu tun haben, über sie hinwegsehen will, als sei sie „gar nicht mehr vorhanden", wenigstens seine Freiheit zu erlangen; „meine durch nichts beschränkte Freiheit!" Es ist die Hoffnung auf eine Art radikaler innerer Emigration. Auch sie wird enttäuscht. Seine Ideen, die er in seinem letzten Gespräch mit Fanny wenigstens als Luftschlösser für uneinnehmbar hält, erweisen sich als einnehmbar. Der Zirkusdirektor Cotrelly holt Hetmann für sein Publikum, für die bestehende Gesellschaft, wieder ein, als Clown, als dummen August.

Cotrelly beschreibt, wie er sich das im wesentlichen vorstellt: „Sie kommen einfach in langem Gehrock in die Manege. Alles übrige geschieht durch mein Personal. Der dumme August fällt, wie Sie wissen, über jedes Hindernis, kommt überall gerade im richtigen Moment zu spät, will immer Leuten helfen, die es zehnmal besser verstehen als er, und weiß vor allem nie, weshalb das Publikum über ihn lacht [. . .] Salamonskys Schimpanse weiß auch nicht, weshalb das Publikum über ihn lacht, und darin liegt das Großartige seiner Kunst." [24]

Die Absurdität, durch die Hetmann vor dem Publikum wirken soll, entspricht der vorhin beschriebenen Absurdität seiner Situation als Außenseiter in der bestehenden Gesellschaft. Deshalb kann Cotrelly eingangs sagen: „Ich möchte Sie gern in einer wichtigen Angelegenheit um ein — Selbstgespräch ersuchen." [25] Was Hetmann von Cotrelly angeboten bekommt, ist in der Tat die Reflexion seiner eigenen Lage. Er wird mit einem Schimpansen, Salamanskys großer Attraktion, einem Schimpansen, der die C-Dur-Tonleiter singen

(23) [Anm. 1], S. 260 f.
(24) [Anm. 1], S. 264.
(25) [Anm. 1], S. 262.

kann, verglichen, dessen Umkehrung (in bezug auf das Verhältnis Mensch/Tier), aber gleichzeitig genaue Parallele sein Fall darstellt. Der Schimpanse wirkt durch seine Disintegration von der Realität, der er doch verhaftet bleibt, dem Tierischen; er singt, aber bleibt doch Schimpanse. Hetmann disintegriert sich von der bestehenden Gesellschaft, von dem, was in ihr als vernünftig gilt; deshalb fällt er in ihr über Hindernisse; deshalb verstehen es alle andern, denen das durch die Gesellschaft vermittelte Leben — der Zirkusbetrieb — selbstverständlich ist, zehnmal besser als er. Ums Mitmachen kommt er dabei doch nicht herum; er ist mit seinem blinden Unverstand nur schlechter dran, noch unfreier als die andern: sein Unverstand ist sein einziges Talent, „alles übrige geschieht durch das Personal".

Hetmann nimmt sich nach diesem Angebot Cotrellys zur Selbstreflexion das Leben. Er bringt sich um aus Scham ob seiner Lächerlichkeit in der bestehenden Gesellschaft; damit bestätigt er noch einmal ihre Macht über ihn.

Wo die bestehende Gesellschaft den einzelnen, der Geist dieser Gesellschaft das Subjektive derart verschluckt, wird jeder Versuch einer entscheidend gemeinten Reform zu einem Witz, zu einem Versuch, herauszufallen aus einem Rahmen, der dennoch alles hält. Und das Unternehmen, diesen Witz als Ernst auszugeben, wird zum objektiven Betrug (wobei, wie in ‚Hidalla', der Betrüger sich selber mitbetrügt).

Darin gründet das Mephistophelische an Hetmann, auf das im Stück mehrmals hingewiesen wird. Dieser Art Mephistophelität hat Wedekind eigens sein nächstes, unmittelbar nach ‚Hidalla' entstandenes Stück ‚Totentanz', später auch ‚Tod und Teufel' genannt, gewidmet. Das Mephistophelische ist dabei ganz profan, daß Hetmann mit seiner Moral die herrschende Realität übersteigen zu können vorgibt. Im zweiten Akt sagt eine der dummen, reichen Verehrerinnen Hetmanns, Mrs. Grant, zu ihm: „Mir hat gesagt ein Herr heute in aller Fruhe, daß du, Mister Hetmann, bist Seelenverführer, daß du bist leibhaftige Teufel, welche seit Schaffung von die Welt immer treibt Spiel mit Menschheit." [26] Was diese Mrs. Grant hier über Hetmann sagt, ist nur subjektiv, in bezug auf Hetmann, falsch; der treibt dieses Spiel ernsthaft; er ist zu naiv, zu blind, um hierin überhaupt der Unehrlichkeit fähig zu sein.

Es entspricht der für Wedekind notwendig gewordenen Dialektik, von der noch die Rede sein wird, daß eine solche Wahrheit ausgerechnet einer Figur, der Mrs. Grant, in den Mund gelegt wird, die im Stück durch ihre Dummheit und Verständnislosigkeit schon fast wie eine Karikatur wirkt.

Hetmann verkündet eine Lehre — die Lehre vom „Seelenadel der Schönheit", die nochmals am Ende des Stücks hervorgehoben wird durch Hetmanns nachgelassenes Werk, das Launhart zum Schluß findet und das den Titel trägt: ‚Hidalla, oder die Moral der Schönheit' [27] —, eine Lehre, die, wie sich gezeigt hat, nicht nur etwa von den Antagonisten kritisiert wird — das wäre die übliche dialogische Auseinandersetzung —, sondern die sich auch absolut, sub

(26) [Anm. 1], S. 216.
(27) [Anm. 1], S. 265.

specie poetae, lächerlich macht. Hetmanns Lehre kollidiert mit der Realität, weil sie falsch ist.

Dieser Kausalschluß ist in ‚Hidalla' jedoch umkehrbar, da hier die Realität, das, was gelten darf, nur und total durch den Geist der herrschenden Gesellschaft vermittelt ist. Nicht allein gilt: Was falsch ist, kollidiert mit der Wirklichkeit; sondern auch: Was mit der geltenden Wirklichkeit, was mit dem Bestehenden kollidiert, ist falsch, büßt seine Gültigkeit ein. Vor der Allmacht und Allgegenwärtigkeit des Geistes der herrschenden Gesellschaft verflüchtigt sich dann die Möglichkeit absoluter Wahrheit. Keine absolute Instanz entscheidet über Relevanz oder Irrelevanz, richtig oder unrichtig, sondern allein die historische Faktizität dieser Gesellschaft. Daher sind die Theorien Hetmanns, etwa über die Jungfräulichkeit oder die Stellung der Dirne, die Wedekind gelten läßt, und die lächerlich erscheinende Theorie vom „Seelenadel der Schönheit" gleichzusetzen. Vor dem Absolutheitsanspruch der durch die bestehende Gesellschaft vermittelten Wahrheit werden sie alle unsinnig; das macht sie gleich. Als völlig gleichwertig erscheinen sie denn auch, ungeachtet ihres gar nicht zur Diskussion stehenden möglichen absoluten Werts, in den Händen des realitätskonformen Launhart.

Damit löst sich auch die — wie sich jetzt zeigt, falsche — Verwirrung ob der Frage: Hat Hetmann schließlich nun recht oder unrecht? Diese Frage läßt sich nicht beantworten; sie ist unangemessen. Zu erwidern wäre auf sie die Feststellung: Hetmann geht unter, und Launhart hat Erfolg. Launhart hat die durch die herrschende Gesellschaft vermittelte Realität, die Wirklichkeit auf seiner Seite.

Aber diese Wirklichkeit ist eine schlechte Wirklichkeit. Diese maßgebliche Realität, „die normale Welt", ist moralisch defekt. Die Unmenschlichkeit des ihr konformen Launhart etwa bezeichnet diesen Defekt, diesen Mangel.

Eine kritische Objektivation dessen, was sein sollte, aber eben nicht ist, begibt sich jedoch bei der Allmacht dieser Wirklichkeit zum vornehrein der Relevanz, da sie ja notwendig, per definitionem, ihre Faktizität nicht mitliefern kann, sich stets Mangel an Wirklichkeitssinn vorwerfen lassen muß; eine positive Kritik, welche die bestehende, durch die Gesellschaft vermittelte Wirklichkeit zugunsten eines Bessern verwärfe, ist unmöglich, wo diese Wirklichkeit alles beansprucht. Andererseits verbietet sich aber auch das programmatische Einverständnis, wenn diese Wirklichkeit derart wenig menschlich erfüllt, so mangelhaft ist.

Dieser Zwiespalt macht Wedekinds bereits zitierten Ausspruch — zumindest in bezug auf ‚Hidalla' — verständlich, er habe nie einer seiner Figuren seine eigenen Überzeugungen in den Mund gelegt. Die Welt, in der seine Figuren auftreten, ermöglicht keine programmatischen Äußerungen, weder kritische noch bestätigende; überhaupt keine absoluten Aussagen. Denn hier muß alles an einer maßgeblichen Realität sich messen, die doch eigentlich als Maß nicht gelten dürfte. Allem wohnt daher ein Widerspruch inne, welcher die Dialektik notwendig macht, der sich jede einfache positive, jede absolute Äußerung versagt. Die unzufriedene Anerkennung der alleinigen Maßgeblichkeit des Bestehenden kann zum Beispiel weder die revolutionäre Moral eines Hetmann noch die flache Zufriedenheit einer Mrs. Grant widerspruchslos gelten lassen.

Das Stück ‚Hidalla‘ *scheint* nur eine vernichtende Abrechnung mit dem Außenseiter Hetmann darzustellen; auch diese scheinbar vernichtende Abrechnung ist dialektisch zu verstehen. Des Außenseiters unsinnige Unternehmung kann zwar eben nicht geeignet sein, positiv Wahrheit zu verwirklichen; aber sie läßt die Abwesenheit von Wahrheit, von menschlicher Erfüllung in der herrschenden Realität — welcher Abwesenheit sie entspringt — aufblitzen. Das gibt ihr wiederum Sinn und erklärt zugleich die Tatsache, daß die Figur des unglücklichen Außenseiters den typischen Wedekindschen Protagonisten darstellt, der auch nach ‚Hidalla‘ aus den Stücken dieses Autors nicht verschwindet.

Kehren wir zu der früher erwähnten Idee der überlieferten Tragödie nochmals zurück! Hetmanns Unternehmen trägt Spuren des Unternehmens eines herkömmlich tragischen Helden: Hetmann begegnet den Bedingungen der herrschenden Realität mit andern Ansprüchen und Werten; und er scheitert. Aber die Gültigkeit der herrschenden Realität diskreditiert seine Ansprüche und Werte zum vorneherein. Sie ist so total, daß es zu einer eigentlichen Auseinandersetzung gar nicht kommen kann, vielmehr nur zu einer Bestätigung der Allmacht des ohnehin schon Bestehenden. Was zu Beginn des Stücks wenigstens im Ansatz als Programm einer tatsächlichen Reform des gesellschaftlichen Lebens erscheint, ist denn auch am Ende nur noch ein in der bestehenden Gesellschaft sehr verwertbares Handelsprodukt des Verlegers Launhart.

Unmöglich wird so das herkömmlich tragische Scheitern in der Spannung zwischen einem unbedingten Anspruch und den Bedingungen der Wirklichkeit, da der Gegensatz, die Spannung zwischen einem Ideal und den Werten der herrschenden Wirklichkeit, aufgegangen ist, sich aufgelöst hat im übergreifenden Anspruch eben dieser Wirklichkeit. Dieser Situation kommt der Begriff der Tragödie nicht mehr bei, da dem tragischen Konflikt damit überhaupt die Basis entzogen ist.

Wedekind nimmt hier zugleich philosophisch jenen Idealismus zurück, der von der Teilung in das Reich der guten und wahren Ideale und in die niedere Wirklichkeit gelebt hatte. Im Laufe des 19. Jahrhunderts vor allem — oder auch: im landläufigen Verständnis der bürgerlichen Gesellschaft — ist dieses Reich des Schönen und Guten, das einst als Ziel entworfen war, immer mehr zum seelisch-geistigen Besitz verinnerlicht worden. Das Innerliche wurde zum Raum des Idealen; das Telos zum bereits Eingenommenen. An Stelle der Spannung auf eine Zukunft hin trat die Spannung zwischen dem schönen Innerlichen und der rüden äußeren Wirklichkeit. Die Begriffe des Innerlichen, der Seele, und des Äußeren, des Körpers, erhielten damit eine zusätzliche ideologische Dimension.

Hetmanns Lehre, die er auf der Idee einer unmittelbaren Vereinigung körperlicher und innerer, seelisch-geistiger Vollendung aufbaut, gründet auf ideologisch belasteten Größen. Der Kult zu Anfang des 20. Jahrhunderts mit der körperlichen Schönheit, der auf das alte Ideal des $\varkappa\alpha\lambda\grave{o}\varsigma$ $\alpha\gamma\alpha\vartheta\grave{o}\varsigma$ abzielte — womit zu jener Zeit ja nicht nur Wedekinds Karl Hetmann sich befaßte —, läßt sich demnach zugleich verstehen als Modell des Versuchs einer Überwindung jener geschichtlich entstandenen Kluft zwischen dem Raum des Idealen, dem gleichzeitig Innerlich-Seelischen, und dem Bereich des Niedrig-Unvollkommenen, der gleichzeitig äußeren, körperlichen Wirklichkeit; des Versuchs einer Überwindung von der Seite des Materiell-Körperlichen her. Das erreichte Ziel, die Kalokagathie, wäre Modell einer Vereinigung des Vorenthaltenen mit dem Gegenwärtigen, ein Modell menschlich erfüllten Glücks.

Die Schrulligkeit der Idee der Kalokagathie als allgemeiner Theorie in ‚Hidalla' läßt sich dann verstehen als modellhafter Hinweis auf die Inkommensurabilität solchen Glücks und der geltenden Werte. Die beiden Einzelfälle, Fanny und von Brühl, die, geistvoll *und* von körperlicher Schönheit, das Ideal der Kalokagathie im Stück tatsächlich zu erfüllen scheinen, machen denn auch gerade deutlich, wie völlig folgenlos und irrelevant eine solche — dann eben nurmehr scheinbare — Erfüllung wird unter den herrschenden Bedingungen, denen Fanny und von Brühl doch um nichts weniger unterworfen sind. In der ersten Fassung macht sich der realistische Launhart ja sogar noch ganz handgreiflich zum Schluß über Fanny her.

Die Spannung zwischen dem Idealen und dem Unvollkommenen wie auch ihre Überwindung werden leere Phantome, Trugbilder in einer Gesellschaft, in der nurmehr zur Geltung kommen kann, was ohne Rest in den sie beherrschenden Prinzipien aufgeht. Die Unternehmungen des Subjekts, das ja nur eines ist, sofern es eben in jenen nicht ganz aufgeht, werden dabei subjektiv, im schlechten Sinn unmaßgeblicher Beliebigkeit; ihnen kann in dieser Gesellschaft nur das Schicksal des betrogenen betrügerischen Idealismus' Hetmanns widerfahren.

*Wolfdietrich Rasch*

## Das Schicksal des Propheten *

Es ist nicht überraschend, im dramatischen Werk Frank Wedekinds der Figur des Propheten zu begegnen, der Darstellung eines Verkünders neuer, weltverändernder Lehren und seines Schicksals in einer Welt ebenso glaubenssüchtiger wie schnell desillusionierter Menschen. Die Figur eines solchen Propheten — der Name ist in Anführungsstriche zu setzen — ist überaus zeitgemäß um 1900; sie findet sich häufig in der Literatur. Schon eine der frühesten Erzählungen Gerhart Hauptmanns, ‚Der Apostel‘, zeichnet den Propheten als Verkünder eines Naturevangeliums, und er erscheint auch später wiederholt bei Hauptmann, im ‚Narr in Christo‘, im ‚Ketzer von Soana‘. Er wird in Thomas Manns Erzählung ‚Beim Propheten‘ in ironischer Brechung vorgeführt, und er fehlt nicht, als Randfigur, bei Sternheim, in dem Schauspiel ‚1913‘.

Als Führer einer großen Bewegung erscheint der Prophet in Döblins erstem großen Roman ‚Die drei Sprünge des Wang-Lun‘, auch Hofmannsthals Tizian hat etwas vom Propheten, er ist im ‚Tod des Tizian‘ mehr als ein Maler; seine Schüler sehen in ihm nicht nur den Lehrer ihrer Kunst, sondern den Verkünder der Schönheit, den Meister, der ihr Dasein bestimmt.

Das sind nur einige Beispiele. Man kann sie leicht vermehren, und alle, die ich genannt habe und noch nennen könnte, weisen zurück auf Friedrich Nietzsche, auf seine Person sowohl wie auf die um 1900 vielleicht wirksamste seiner Schriften, den ‚Zarathustra‘, in dem Gestalt und Gebärde des prophetischen Lehrers vorgezeichnet sind. Daß Nietzsche für die Konzeption des Propheten Hetmann mitbestimmend war, ist leicht zu zeigen. Der einsame Denker Nietzsche lebte in der Vorstellung der Zeit als derjenige, der, selber kränklich, labil, vital geschwächt, das starke Leben rühmte, die Überlegenheit der kraftvollen Menschennatur und ihres Willens zur Macht verkündete. Mit diesem Widerspruch ist Nietzsche ein Modell für Karl Hetmann, der, selber häßlich, schief gewachsen, unansehnlich, die menschliche Schönheit als höchsten Wert preist und einen „Verein zur Züchtung von Rassemenschen" gründet, dem er selbst nicht angehören kann, sondern nur als Sekretär dient.

Auch der Inhalt seiner Lehre ist in manchen Zügen von Nietzsche herzuleiten. Für Zarathustra scheint Schönheit zu den Werten des Übermenschen zu gehören, dem er den Weg bereiten möchte. Die „höheren Menschen", die sich um ihn drängen, findet Zarathustra noch „nicht hoch und stark genug".[1]

* ‚Hidalla‘ ist zitiert nach der Ausgabe Wedekind, Frank: Prosa, Dramen, Verse, Bd. II. München 1964. Diesen Zitaten ist im Text die Seitenzahl in Klammern beigegeben.
(1) Nietzsche, Friedrich: Werke in drei Bänden, hrsg. von Karl Schlechta, Bd. II. München 1955, S. 518.

„Auch seid ihr mir nicht schön genug und wohl geboren."[2] Zarathustra ermahnt den Menschen, der sich ein Kind wünscht: „Nicht nur fort sollst du dich pflanzen, sondern hinauf! [...] Einen höheren Leib sollst du schaffen [...]"[3] Auch daß Hetmann schließlich als Hanswurst und Zirkusclown engagiert wird, hat einen Vorklang im ‚Zarathustra'. Der Possenreißer in der Vorrede warnt Zarathustra vor der Menge, in der er gesprochen hatte und die ihn haßt. „Dein Glück war es, daß man über dich lachte: und wahrlich, du redetest gleich einem Possenreißer."[4] In dem Kapitel ‚Vom freien Tode' lehrt Zarathustra?: „Stirb zur rechten Zeit."[5] Man sollte selbst bestimmen, wann man stirbt. „Wichtig nehmen alle das Sterben: aber noch ist der Tod kein Fest."[6] Auch in diesen Lehren vom Tode scheint Hetmann ein Schüler Zarathustras zu sein. Er will, nach dem Scheitern seiner Mission, nur noch sein Buch beenden und mit seinem freien Tod ein Zeichen geben, sich von der empörten Menge umbringen lassen. Und auch er nennt ein solches freiwilliges Ende ein Fest. „Ich habe, seit ich auf dieser Welt bin, nie mit unbelastetem, freiem Herzen ein Fest gefeiert. Einmal in meinem Leben soll mir das aber noch vergönnt sein!" (181)

Thomas Manns Erzählung ‚Beim Propheten' beschreibt deutlich erkennbar eine wirkliche Apostelfigur der Zeit, nämlich Ludwig Derleth. Es werden Sätze aus seinen 1904 erschienenen ‚Proklamationen' zitiert, einem kämpferischen Aufruf zur Bildung eines militanten Ordens. Auch Gerhart Hauptmanns Apostel trägt die Züge eines bekannten Naturapostels, der seit den achtziger Jahren des neunzehnten Jahrhunderts in Deutschland auftrat. Das kann darauf aufmerksam machen, daß die Prophetenfigur in der Literatur der Reflex einer Realität ist, einer überaus charakteristischen Erscheinung der Zeit. Daß ein Meister Jünger um sich schart und diesen Kreis, der seine Lehren aufnimmt, zum Träger eines neuen Menschentums erhöht, zum Vorläufer einer totalen Erneuerung, das ist nicht nur von Stefan George unternommen worden, sondern gleichzeitig von vielen anderen. Es gab den Charon-Kreis um Otto zur Linde, es gab Rudolf Steiner, den wirkungsmächtigen Verkünder einer mystischen Weisheit, der seine zahlreichen Anhänger im Bund der Anthroposophen fest organisierte. Immer ging es bei solchen Bünden um eine Erneuerung des gesamten Daseins, so eng begrenzt der Inhalt der Lehre auch sein mochte: Vegetarismus oder tänzerische Gymnastik, Nacktkultur oder gemeinschaftliche Siedelung, Frauenemanzipation oder Schulreform. Es gab auch einen Bund für Rassezüchtung, den Mittgartbund. Er wurde propagiert in einer Schrift von Willibald Hentschel, ‚Mittgart, ein Weg zur Erneuerung der germanischen Rasse', erschienen 1904. Kutscher hält es für möglich, daß Wedekind von dieser Schrift Anregungen aufnahm.[7]

(2) [Anm. 1], S. 519.
(3) [Anm. 1], S. 332.
(4) [Anm. 1], S. 287.
(5) [Anm. 1], S. 333.
(6) [Anm. 1], S. 334.
(7) Vgl. Kutscher, Artur: Wedekind. Leben und Werke. Zum 100. Geburtstag des Dichters bearbeitet und neu herausgegeben von Karl Ude. München 1964, S. 215 f.

Alle reformatorischen Lehren, für die ich Beispiele nannte, suchten ihre Wirksamkeit zu sichern durch Bünde, Vereinigungen, Orden, die sich um einen prophetischen Lehrer gruppierten. Selbst der Kreis der Schüler Sigmund Freuds, die sich an den Mittwoch-Nachmittagen in Wien um ihren Lehrer scharten, nahm etwas von der Struktur dieser bündischen Ordnungen an, von dem eigentümlichen Verhältnis zwischen Meistern und Jüngern. In der Jugendbewegung hat sich diese Struktur dann vielfältig ausgeformt und verbreitet.

Wedekinds Drama ‚Hidalla' spiegelt also ein Phänomen des zeitgenössischen Lebens, freilich mit einem ganz spezifischen Zugriff. Was Wedekind vorführt, ist die Kommerzialisierung dieses Prophetentums, die geschäftliche Ausnützung der zeitgenössischen Neigung für reformatorische Lehren, die ein geistiger Führer verkündet. Der Geschäftsmann Rudolf Launhart gründet mit dem Geld des reichen Herrn Gellinghausen ein ‚Institut für Sozialwissenschaft'. Das ist kein Forschungsinstitut, sondern eine 'Firma', ein 'Unternehmen', das mit der Propaganda für irgendwelche Reformbestrebungen und mit ihrer Organisation in Vorträgen, Veranstaltungen, einer Zeitung usw. Geld verdienen will. Welche Reformbewegungen propagiert werden sollen, das ist zunächst ungewiß, es ist beliebig: die Gründung des Geschäftes geht voran. Damit stellt Wedekind die übermäßige Bereitschaft der Zeit für Reformbewegungen, ihre Überempfänglichkeit für Lebenslehren, ihr Bedürfnis nach Propheten in ein grelles Licht. Der zynische Geschäftsmann Launhart kann auf dieses allgemeine Bedürfnis rechnen und kann darauf spekulieren, daß sich irgend etwas finden wird, für das sich erfolgreich werben läßt. Er behält recht damit. Karl Hetmann mit seiner Schönheitsmoral kommt im rechten Augenblick, wie gerufen — es gibt eben genug Hetmanns in dieser Zeit.

Hetmann ist ein Prophet, der seinerseits eine Organisation zur Verbreitung seiner Lehren sucht. Sein Schicksal wird dadurch bestimmt, daß diese Organisation sich nicht aus seinen Lehren selbst entwickelt und von seinen Anhängern geschaffen wird, sondern daß sie schon vorher da ist als ein rein geschäftliches Unternehmen. Das natürliche Verhältnis primärer und sekundärer Interessen wird umgekehrt. Die sekundären Strukturen gewinnen die Oberhand über die primären Werte: das ist die Situation, die Wedekind scharf und konsequent vergegenwärtigt. Launhart ist der Inhalt der Lehre, ihr geistig-moralischer Erfolg ganz gleichgültig, ihn interessiert nur der geschäftliche Erfolg. Bevor Hetmann erscheint, erwägt er für sein 'Institut' die Propagierung anderer Lehren, der Erziehungsreform, der Frauenbewegung, der Arbeiterpolitik. Das sind um 1900 gängige Reformbestrebungen. Ellen Keys ‚Jahrhundert des Kindes' war 1903 erschienen, die Frauenfrage wurde seit August Bebels oft aufgelegtem Buch ‚Die Frau und der Sozialismus' (zuerst 1879) eifrig diskutiert, und die „Arbeiterfrage", die Forderungen der Arbeiterschaft, wurde von der sozialdemokratischen Partei vertreten.

Launhart scheint die Erziehungsfrage zu unergiebig, die Frauenbewegung wird geschäftlich „durch die Häßlichkeit ihrer Vorkämpferinnen entwertet" (140). Die Arbeiterfrage würde ihn in zu große Nähe zur Sozialdemokratie bringen. Er möchte der Tagespolitik ausweichen, sie ist ihm zu riskant, und der

Geschäftserfolg einer politischen Tageszeitung stellt sich zu langsam ein. „Wir brauchen etwas direkt Reformatorisches!" (139), sagt er. Die Förderung sozialpolitischer Tendenzen könnte Konsequenzen haben und die Voraussetzungen des Launhartschen Geschäftes zerstören. Das „direkt Reformatorische" ist harmlos, eine modische Sensation, aber geschäftlich vielversprechend. „Aber, Fräulein Fanny, Jugenderziehung, Arbeiterpolitik, Frauenbewegung, das ist als Beigabe alles schön und gut. Aber damit lockt man den Hund nicht vom Ofen!" (148) Launhart braucht etwas Neues, was Effekt macht — genau das liefert ihm Hetmann mit seinem ‚Verein zur Züchtung von Rassemenschen‘, dem nur schöne Menschen angehören dürfen. Jedes Mitglied ist verpflichtet, die erotischen Wünsche eines anderen Mitgliedes zu befriedigen, die bürgerlichen Gesetze über Ehe und Familie gelten nicht mehr. Das war provozierend, sensationell — Launhart führt die Werbung für diese Vereinigung zu einem geschäftlichen Erfolg.

Der Verlauf des Dramas zeigt, wie rücksichtslos Launhart den Propheten ausbeutet. Er hat großen Erfolg, aber um den Gewinn zu steigern, läßt er Hetmanns provozierenden Vortrag in der Vereinszeitung anonym drucken. Die Nummer wird konfisziert, aber das Manuskript wird, vermutlich durch Launhart, der Polizei in die Hände gespielt. Hetmann wird verhaftet und mit Gefängnis bestraft. Launhart flieht nach Paris, die durch den Prozeß enorm gesteigerte Auflage des Blattes sichert ihm ein Einkommen von 200 000 M im Jahr. Daß er Hetmann mundtot macht, die weitere Verbreitung seiner Lehren verhindert, ist ihm gleichgültig. Die Verhaftung wäre vermeidbar gewesen, das wird im zweiten Akt eindeutig klargestellt. Was als Märtyrerschicksal des Propheten erscheinen könnte, ist Ergebnis einer kalten geschäftlichen Kalkulation. Aber Hetmann weiß das, er ist nicht etwa ein ahnungsloses Opfer der kommerziellen Ausbeutung. Launhart entwickelt ihm am Anfang des zweiten Aktes mit zynischer Offenheit seine Spekulation auf den Prozeß, und Launharts Schwester Berta klärt ihn im dritten Akt über die „Galgenbrut" (174) auf. Doch Hetmann antwortet, er bedürfe ihrer Ratschläge nicht. Er weiß das alles, und er hat schon vor seiner Verhaftung die Fragwürdigkeit seiner großen Erfolge erkannt. Er sagt zu Morosini: „Mir ist diese Hochflut des Erfolges verdächtig. Das dauert zwei Winter, dann löst uns irgendeine Tingeltangelspezialität ab!" (156)

Aber auch der aus dem Gefängnis entlassene, resignierende Hetmann braucht zur Verwirklichung seiner veränderten Absichten wiederum Launharts Organisation. Hetmann will öffentlichen Selbstmord begehen, in einem Vortrag die Menge zur Gewalttätigkeit gegen ihn provozieren, so daß sie ihn tötet. Auch dafür ist er angewiesen auf ein Publikum, das ihm der zurückgekehrte und begnadigte Launhart verschaffen muß. Dieser, absolut zynisch, möchte auch den öffentlichen Selbstmord geschäftlich benützen, und als der Plan beim ersten Vortrag mißlingt, weil Morosini Hetmann rettet, arrangiert er einen zweiten Vortrag. Auch da rettet ihn Morosini, der jetzt seinerseits ein finanzielles Interesse daran hat, daß Hetmanns Lehre sich nicht verbreitet. Denn er hat sich mit der reichen Amerikanerin Mrs. Grant verlobt, Hetmanns Lehre könnte ihn um den Gewinn aus dieser Heirat bringen. „Wozu heiraten wir uns, wenn die Gesetze der bürgerlichen Gesellschaft aufgelöst werden sollen!" (188) Damit setzt Wedekind eine weitere ironische Pointe. Launhart ist darüber enttäuscht, daß Hetmann gerettet wird, aber er kann später doch noch ein letztes Geschäft sichern, nachdem Hetmann sich erhängt hat. Er bringt dessen letztes Manuskript an sich, das als Vermächtnis des Selbstmörders Erfolg verspricht.

Die Darstellung des Miteinanders und Gegeneinanders von Launhart und Hetmann ergibt eine klare Linie, sie trägt auch weitgehend die dramaturgische Konstruktion des Stückes. Auf diese Konzeption verweist auch der Untertitel des Erstdrucks: ‚Hidalla oder Sein und Haben'. Mit Sein ist die geistige Substanz Hetmanns, mit Haben die skrupellose Besitzgier Launharts bezeichnet. Würde diese Thematik den gesamten Bestand des Dramas bestimmen, so wäre es ganz durchsichtig und in seiner Intention leicht erkennbar. Es würde sich jener Thematik einfügen, die ich als Ausformung sozialkritischer Aspekte an zwei kleinen Dramen Wedekinds aufgezeigt habe.[8] Die kommerzielle Korrumpierung der Kunst ist das Zentralmotiv des Einakters ‚Der Kammersänger', die Kommerzialisierung der freien Liebe durch Prostitution, die Ausbeutung der Frauen durch einen Geschäftsmann, wird in dem Spiel ‚Tod und Teufel' dargestellt. In ‚Hidalla' wird ein analoger Vorgang gestaltet: die geschäftliche Ausbeutung des Propheten und seiner Lehre.

Aber dieser Vorgang macht in Wahrheit nur eine Schicht des sehr komplexen Gefüges aus, das wir in Wedekinds Drama vor uns haben. Die klare Linie des Spannungsverhältnisses Launhart-Hetmann wird von anderen Linien begleitet, besser gesagt: durchkreuzt. Diese Vielschichtigkeit, die verwirrende Widersprüche aufweist, macht die Interpretation des Dramas schwierig. Zunächst ist wahrzunehmen, daß Hetmann durch die geschäftliche Ausbeutung seiner Lehren nicht selbst korrumpiert wird, wie der Kammersänger, der seine Kunst in den Dienst gewinnsüchtiger Agenten stellt, um seinen Eigengewinn zu sichern. Hetmann ist nicht an Geld interessiert, der Profit Launharts ist ihm gleichgültig. Im übrigen scheitert Hetmann auch nicht nur daran, daß seine Ideen im Geschäftsinteresse zu einer modischen Sensation verzerrt werden. Fanny Kettler, die nicht durch sein öffentliches Auftreten zu seiner Anhängerin wird, sondern von ihm persönlich fasziniert ist und als glühendste Verehrerin seine Lehren ernst nimmt, kann sie dennoch nicht befolgen. Sie hat heilig versprochen, im Sinne der Schönheitsmoral jedem Vereinsmitglied zu Willen zu sein. Aber erst nach Hetmanns hartem Vorwurf, daß sie dieses Prinzip nicht befolge, entschließt sie sich mit großer Willensanstrengung dazu. „Tag für Tag ringe ich, mich zu überwältigen; aber so verzweifelt ist der Widerstand, als koste die Befreiung zehnfachen Tod!" (161) Es widerstrebt ihrer weiblichen Natur, sich ohne Neigung, nur aus Prinzip, jemandem hinzugeben. Sie sagt schließ-

---

(8) Vgl. Rasch, Wolfdietrich: Sozialkritische Aspekte in Wedekinds dramatischer Dichtung. In: Gestaltungsgeschichte und Gesellschaftsgeschichte, Literatur-, Kunst- und Musikwissenschaftliche Studien, in Zusammenarbeit mit Käte Hamburger hrsg. von Helmut Kreuzer. Stuttgart 1969, S. 409—426.

lich dem Freiherrn von Brühl ihre Bereitschaft zu, aber im Gespräch mit ihm verrät sich ihre Leidenschaft für Hetmann, was Brühls Wünsche abkühlt. Es ist eine außerordentliche, sehr wichtige Szene. Fanny, die ergebenste Schülerin des Propheten, den sie für einen überragenden Geist hält — gerade sie kann seine Lehre nicht befolgen, sondern liebt Hetmann, den Häßlichen, den sie nach seiner Lehre nicht lieben darf. Der erotische Erfolg Hetmanns ist zugleich ein Mißerfolg seiner Lehre.

Hier stellt sich die Frage nach der Bedeutung der Hetmannschen Idee. Ich will darauf später eingehen, aber ich möchte zunächst diese Frage zurückstellen. Ich wollte nur zeigen, daß Hetmanns Scheitern keineswegs nur auf der kommerziellen Korrumpierung seiner Ideen beruht, sondern daß diese in sich selbst fragwürdig sind.

Es läßt sich auch nicht übersehen, daß Hetmann nicht ganz so hilflos in Fragen der Praxis ist, wie Fanny meint. Schon vor der Bekanntschaft mit Launhart hat er seinen Verein recht erfolgreich organisiert. Er hat dazu den ehemaligen Sänger Morosini als schönen Mann, als Aushängeschild engagiert, um der Menge „ein Götzenbild" (156) zu präsentieren. Dieser Sänger, der seine Stimme verlor, kümmert sich nicht um die ideellen Ziele des Vereins, sondern sucht nur Profit und Frauenbekanntschaften. Diese sehr fragwürdige Figur macht auch Hetmanns Reformversuche fragwürdig. Hetmann sucht Erfolg mit allen Mitteln, er ist nicht geldgierig, aber wirkungssüchtig. Während des halben Jahres seiner Haft zerfällt der Verein schnell, und der resignierte Hetmann gesteht am Anfang des dritten Aktes der Freundin Fanny: „Seit ich zu denken begann, kämpfe ich um Erhöhung meines Lebensgenusses!" (172) Der häßliche Krüppel, benachteiligt, erotisch gehemmt, asketisch, muß Lebensgenuß in seiner Wirkung auf die Menge suchen, in dieser Bestätigung eine Erhöhung seines Daseinsgefühls finden. Zur Fürstin von Sonnenburg-Hohenstein sagt er, „bescheiden und sachlich": „Mich stieß die menschliche Gesellschaft einst als unbrauchbar aus ihren Kreisen aus. Ich ging nicht zugrunde, kam zurück und bot ihr wieder meine Dienste an [...] An ein Dutzendmal in meinem Leben hat sich dieser Vorgang wiederholt." (158) Hetmann deklariert sich hier als der Ausgestoßene, Gescheiterte, dem nichts übrigbleibt als die Prophetenrolle, die in ihr erreichbare Selbsterfüllung. Man könnte von hier aus die destruktive Komponente seiner Schönheitsmoral als Rache deuten, jedenfalls das Prophetentum als bloßes Mittel zur Selbsterfüllung, zum Lebensgenuß. Man kann nicht umhin, zu sehen, daß diese entlarvende Psychologie der Prophetenrolle auch noch auf Hitler zutrifft, den gescheiterten Outcast, der seine Demütigung kompensiert durch die Führerrolle — ein ins Grauenhafte gesteigerter Hetmann. Man kann auch an Goebbels mit seinem Klumpfuß denken, der gleichsam den Krüppel Hetmann und den Propagator Launhart in sich vereint hat. Wedekind deckt die Psychologie und Pathologie des Propheten mit unheimlichem Scharfblick auf, und das macht einen weiteren Bestand des Dramas aus, wird als zweite Schicht mit der Launhart-Hetmann-Thematik kombiniert. Wie Launhart Hetmann zwecks Profit ausnützt, so nützt Hetmann den Manager aus, zwecks Wirkung und breiter Selbstbestätigung. Beide suchen nur Lebensgenuß, jeder auf die ihm gemäße Weise, und für Hetmann wäre dann der Inhalt der Lehre ebenso gleichgültig wie für Launhart, bloßes Mittel zum Zweck.

Diese zweite Linie des Gesamtvorgangs wird besonders deutlich in Hetmanns Verlangen nach öffentlichem Selbstmord, den er als höchste, letztmögliche Steigerung des Lebensgenusses rühmt, als rauschhafte Erfüllung durch den Märtyrertod. Der freilich mißlingt ihm auch beim zweiten Versuch. Das Angebot, als Zirkusclown zu arbeiten, hat auf dieser Linie eine erschreckende Logik: es bietet ihm Wirkung auf die Menge ohne Lehre, den erwünschten Effekt bloß durch seine Person, und das heißt in Hetmanns Sinne Lebensgenuß.

Daß Hetmann dieses Angebot zwar annimmt, aber dann doch nicht Clown wird, sondern sich erhängt, das erweist, daß es ihm doch nicht ausschließlich um den Lebensgenuß der Selbsterfüllung in momentaner Wirkung auf Menschen zu tun ist. Die Textschicht, die der Psychologie des Propheten gilt, dominiert ebensowenig wie die Ausbeutungs-Thematik. Hetmanns Lebensgenuß besteht in Wahrheit doch erst darin, daß er viele Menschen von einer mit eigener Überzeugung vertretenen Lehre wirklich überzeugt. Er braucht die rechte Idee für seine prophetische Verkündung. In dem schon erwähnten Dialog mit der Fürstin, in dem er sein Ausgestoßensein bekennt, fährt er fort: „Sind meine Gedanken unrichtig, dann beseitigt mich die Welt in ihrer Unerbittlichkeit, ohne sich nach mir umzusehen." Dann wäre er also wieder ausgestoßen und gescheitert. „Nimmt aber die Menschheit meine Gedanken auf, dann gebührt der Menschheit das Verdienst, nicht mir. Dann ist meine Lehre so wahr Kulturentwicklung, wie meine Einsicht nur ein glücklicher Zufall war!" (158) Er verkleinert hier bescheiden sein Verdienst, aber er möchte eben doch der sein, der durch seine Lehre ‘Kulturentwicklung’ bewirkt.

Das merkwürdigste Bekenntnis Hetmanns bringt er — es ist eine Schlüsselstelle — im Gespräch mit Fanny am Beginn des dritten Aktes vor. Er beklagt sich da zunächst, daß „während der kurzen sechs Monate" seiner Haft „alles bis auf die Wurzeln zugrunde gegangen war", was er „in zwei Jahren gesät und großgezogen hatte" (171). Der „stürmische Beifall", den er erweckt hatte, kommt ihm jetzt wie ein bloßer Traum vor. „Wenn sich heute jemand auf den Markt stellt und preist dem Volk meine Anschauungen an, dann wird er verlacht, als böte er faule Fische und saures Bier feil!" (171) — Er fühlt sich „am Ende" (172), ist wiederum ausgestoßen. Und jetzt erkennt er plötzlich seine eigene Lehre als verfehlt. „Ich kann mir ja auch kaum mehr verhehlen, daß all meine Überzeugungen auf Irrtümern beruhten. Überall wo Tatkraft und Gesundheit Lebensziele sind, gedeiht die Schönheit ganz von selbst, als die verlockende Blütenpracht, deren schönste Frucht wieder Tatkraft und Gesundheit sind!" (173)

Es ist also nicht die durch geschäftlichen Mißbrauch bewirkte Verzerrung der Gedanken Hetmanns, die seine Lehre um ihre tiefe und dauerhafte Wirkung bringt. Er sieht vielmehr die Ursache des Mißerfolges jetzt in der Verfehltheit der Lehre selbst. In Hetmanns Selbstkritik an seiner Lehre werden zugleich bestimmte Züge im geistig-kulturellen Leben der Zeit um 1900 mitgetroffen. Wedekind stellt durch den Mund Hetmanns den Schönheitskult der Epoche in Frage, dem sich Hetmanns Schönheitsmoral deutlich zuordnet. Gemeint ist die Neigung, Schönheit direkt anzustreben, statt sie als natürliche, selbstverständlich sich ergebende Folgeerscheinung dessen zu erfahren, was recht und richtig, sinnvoll und wohlgeraten ist. Im Bereich der menschlichen Physis, die Hetmann durch Züchtung verbessern wollte, bestünde dieses Rechte und Wohlgeratene in Gesundheit und Tatkraft. Im Bereich der Kunstformen z. B. wäre es das Zweckmäßige, Sachgerechte oder Ausdruckskräftige. Hetmanns Selbstkritik läßt sich übertragen auf den Jugendstil, sie trifft das Gewollte, Absichtsvolle, Künstliche im Bauen und im Kunstgewerbe jener Jahre, die überall hervortretende Stilisierung auf das ornamental Schöne hin. Wedekinds zeitgemäße Erfindung des Hetmannschen Vereins zur absichtsvollen Züchtung der Schönheit als Selbstwert ist ein genaues Gleichnis für die Bemühung um zielbewußte Hervorbringung des Schönen durch Stilisierung in der Kunst und im Kunsthandwerk. Sie ist repräsentativ für die Schwäche der Zeit, für ihre Bereitschaft, das Gewollte für das Gewachsene zu nehmen, das Gemachte für das Entstandene. Mit den weiteren Darlegungen Hetmanns trifft Wedekind auch das unaufhörliche Bedürfnis der Zeit nach Festen, ihre Überbereitschaft, den planvoll arrangierten Ausnahmezustand als Verwirklichung dessen, was man ersehnte, zu nehmen, der erwünschten, nur noch nicht zu jeder Zeit möglichen Lebenssteigerung. Hetmann fährt fort: „Ich wollte die Menschen verleiten, Erntefeste zu feiern, ohne daß Ernten eingebracht waren. Ich wollte sie verleiten, Richtfeste zu feiern, ohne daß Häuser gebaut waren [...], so wie ich auch darauf ausging, mir mein eigenes Dasein zu einer Reihe von Festtagen zu gestalten." (173)

Hetmann erkennt sich hier sozusagen als einen Propheten im Jugendstil. Das bedeutet zugleich: er ist ein Prophet ohne Lehre, ohne gültige Wahrheit als Inhalt seiner Verkündung. In dieser Selbsterkenntnis möchte Hetmann als Prophet abdanken. „Sollte ich nicht wirklich noch einmal den Versuch wagen, eine einfache bürgerliche Betätigung auf mich zu nehmen, in der Zuversicht, daß dadurch wenigstens vielleicht ein kärglicher Schein von Schönheit in mein Leben fiele?" (173) Rückkehr in ein schlicht bürgerliches Dasein scheint ihm erwünscht, und Fannys Hinweis, daß „einfältige hübsche Mädchen" (171) ihm Freude machen könnten, verspricht ihm vielleicht eine natürliche Form des als alleiniges Ziel angestrebten „Lebensgenusses". Doch es zeigt sich, daß er auf diese Weise doch nicht abdanken kann.

Der Prophet ohne Lehre: diese paradoxe Formel scheint mir relativ genau die widerspruchsvolle Erscheinung Hetmanns zu treffen. Er hat die subjektiv-psychische Voraussetzung für die Prophetenrolle in seinem Bedürfnis nach Selbsterfüllung, und er besitzt als weitere Voraussetzung auch das Bewußtsein, daß eine substantielle und in sich sinnvolle Lehre für das Prophetentum notwendig sei. Er erkennt weiterhin, daß in seiner Zeit das Bedürfnis nach einem Propheten lebt, daß die Prophetenrolle gleichsam bereit liegt und besetzt werden muß. Da man in der modernen Welt nicht mehr, wie Zarathustra, „auf dem Markte" zum Volk sprechen kann, sind die Menschen nur durch eine wirksame Organisation zu ereichen — auch das weiß Hetmann, der das Geschäftsinteresse der Manager dafür benützt. So scheint er über alle Möglichkeiten prophetischen Wirkens zu verfügen. Aber seine Wirkung hat nicht Bestand, und er erkennt, daß alle seine Lehren „auf Irrtümern beruhten" (173). Es war keine wahre Heilslehre, die er verkündete. Ein Prophet ohne Lehre aber ist — so möchte ich die Formel verstehen — nicht einfach ein falscher Prophet, ein nur pathologisch stimulierter oder kommerziell gelenkter Scheinprophet. Wedekinds eigentümliche, schwer durchschaubare Konzeption, die diese Verfehlungen der Prophetenrolle einbezieht, zielt auf die paradoxe Erscheinung des echten Propheten ohne Lehre. Das wird deutlich im Zusammenhang mit seiner Idee des öffentlichen Selbstmordes, die er im Gespräch mit Fanny andeutet, zunächst fallenläßt, aber nach dem Dialog mit Brühl entschlossen wiederaufnimmt. Dieser Versuch des öffentlichen Selbstmordes, das zentrale Motiv des 4. Aktes, ist mehrfach motiviert, die verschiedenen Schichten des Dramas treffen darin zusammen. Hetmann möchte durch herausfordernde Schärfe bei einem Vortrag die Zuhörer zur Gewaltsamkeit reizen, so daß sie ihn umbringen. Dieser provozierte Märtyrertod ist als Mittel gedacht, den Höhepunkt des „Lebensgenusses" im rauschhaften Untergang als Märtyrer zu erreichen, und er wäre zugleich auch Ausdruck seiner Verzweiflung, der Erkenntnis von der Unerfüllbarkeit seiner Prophetenrolle. Er ist ferner auch als geschäftlicher Trick, als wirksames Propagandamittel gedacht. Schließlich aber will Hetmann damit auch die künftige Wirksamkeit seiner Gedanken sichern. Er sagt zu Fanny: „Durch dieses Mittel ließe sich die Saat zu neuem Wachstum, zur Blüte, vielleicht zu unverwüstlichem Gedeihen bringen!" (172) Er will also den Märtyrertod in den Dienst seiner Lehre stellen. Aber welcher Lehre? Die Schönheitsmoral erkennt er ja im gleichen Gespräch mit Fanny, wenn auch kurz nach der eben zitierten Äußerung, als Irrtum. Will er also sterben, um falsche Lehren zur Wirkung zu bringen?

Jene Vorgänge des dritten Aktes, bei denen es um diese Fragen geht, bereiten, glaube ich, der Deutung die größten Schwierigkeiten. Nach Hetmanns Bekenntnis seines Irrtums kommt zunächst Berta mit Enthüllungen über Launhart und Morosini ins Zimmer, dann Herr von Brühl, der seine Doktorarbeit über Hetmann schreibt. Im Gespräch mit ihm distanziert sich Hetmann nicht deutlich von seinen Ideen, er scheint sich eher wieder für sie zu erwärmen, sie zu erweitern und damit wieder eine ihn selbst überzeugende Position zu suchen. Man könnte vielleicht versuchen, das vorangehende Bekenntnis seines Irrtums als Moment des Zweifels, der Depression zu interpretieren. Dem widerspricht jedoch das Gewichtige und Überzeugende dieser Selbstkritik, die nicht wie ein bloßer stimmungsmäßiger Ausdruck einer vorübergehenden Depression klingt. Überdies wissen wir, daß Wedekind, wie Artur Kutscher aus seiner Kenntnis ungedruckter Aufzeichnungen mitteilt, die Grundsätze der Schönheitsmoral und Rassenzüchtung selbst nicht anerkannte, jedenfalls zur Abfassungszeit des Stückes nicht mehr hinter ihnen stand.[9] So ist es schwer

(9) Vgl. Kutscher, Artur: [Anm. 7], S. 215 f.

denkbar, daß er Hetmann aufs neue an sie glauben lassen wollte. Zu erwägen wäre die Auffassung, daß Hetmann nur gegenüber Brühl seine Selbstkritik verschweigt und sich gegenüber dem Doktoranden, der über ihn schreibt, weiterhin als Propheten gibt, der an seine Lehren glaubt. Auffällig ist, daß Hetmann jetzt nicht mehr, wie noch eben gegenüber Fanny, das Irrtümliche seiner Lehre für seinen Mißerfolg verantwortlich macht, sondern das Versagen der Menschen. In einem langen, rhetorisch angelegten Räsonnement (176—178) erklärt er Brühl, daß er mit ernsthafter Wandlungsbereitschaft bei den Reichen, bei den Frauen und bei der Jugend gerechnet habe, und er stellt dreimal fest: „Die Rechnung war falsch!" Spielt er hier die Rolle des enttäuschten, von den Anhängern im Stich gelassenen Propheten? Oder glaubt er an diese Rolle?

Sicherlich ist Hetmanns Haltung wenigstens teilweise durch den Dialogpartner Brühl mitbestimmt. Aber die Annahme, daß er sich nur vor ihm aufspielen wolle, wäre doch zu einfach. Man muß zunächst wahrnehmen, daß in der Gedankenwelt Hetmanns hier neue, bisher noch nicht erwähnte Motive erscheinen und daß seine Ziele sich verschieben. Brühl erwähnt, daß Hetmann neben der Verkündung der Schönheitsmoral auch „drei barbarische Lebensformen" angegriffen hätte in seinen Gesprächen mit ihm, und er fragt ihn — sehr mit Recht — nach dem „Zusammenhang" zwischen diesen beiden „Tatsachen" (176). Hetmann erläutert diesen Zusammenhang nicht, scheint ihn aber als selbstverständlich vorauszusetzen und selbst diesen Zusammenhang zu sehen. Zuerst erläutert er einige Punkte der Schönheitsmoral. Er verschweigt dabei seine vorher gegenüber Fanny geäußerten Einwände, widerruft sie aber auch nicht geradezu. Auf die erneute Frage Brühls geht er dann zur Erklärung der „drei barbarischen Lebensformen" über, und das bedeutet: zu allgemeinen Problemen der Sexualmoral und ihrer notwendigen Reform. Diese Fragen akzentuiert er viel stärker als die Schönheitsmoral, die er anfangs, laut Regiebemerkung, „fast gleichgültig" (176) vorträgt. Die neue Thematik wird deutlich abgehoben. „Der nächste Freiheitskampf der Menschheit wird gegen den Feudalismus der Liebe gerichtet sein!" (177) Hetmann spricht nun von der herkömmlichen Scheu der Menschen, die menschliche Sexualität offen zu bejahen, von dem „Aberglauben" an die Niedrigkeit der Sexualität, deren Tatbestände deshalb verschleiert werden. Darauf beruhen die „drei barbarischen Lebensformen"; die Verachtung der Dirne, das Schicksal des „alten Mädchens", das „um sein ganzes Liebesleben betrogen" wird, und die Forderung nach „Unberührtheit des jungen Weibes" (177). Das sind nun freilich längst bekannte Vorwürfe und Postulate aus dem Arsenal der Frauenbewegung, die zu jenen Reformbestrebungen gehört, mit denen man nach der Meinung Launharts nicht mehr „den Hund vom Ofen lockt". Sie sind also gewiß nicht geeignet als zentrale Motive für die Lehre eines ehrgeizigen, notwendigerweise auf Originalität bedachten Propheten. Daß es, wie Hetmann sagt, lächerlich ist, wenn „die Menschheit Geheimnisse vor sich selber hat", hatte schon John Stuart Mill in seiner Schrift ‚Die Hörigkeit der Frau' festgestellt, die 1891 schon in dritter Auflage in deutscher Übersetzung vorlag. In dieser Schrift bekämpft Mill „die gesetzliche Unterordnung des einen Geschlechtes unter das andere" als „Un-

recht" und „eines der wesentlichsten Hindernisse für eine höhere Vervoll-
kommnung der Menschheit".[10] Der Kampf „gegen den Feudalismus der Liebe"
ist also seit dem späteren 19. Jahrhundert im Gange. Friedrich Engels hatte in
seiner Schrift ‚Der Ursprung der Familie, des Privateigentums und des Staats'
die Veränderung der alten Anschauungen von „jungfräulicher Ehre und weiblicher Schande" gefordert und vorausgesagt [11], und August Bebel schrieb 1879
in dem oft aufgelegten Buch ‚Die Frau und der Sozialismus' über das in der
bürgerlichen Gesellschaft bestehende Mißverhältnis zwischen Mann und Frau:
„Kraft seiner Herrschaftsstellung zwingt er sie, ihre heftigsten Triebe gewaltsam zu unterdrücken, und macht von ihrer Keuschheit ihr gesellschaftliches
Ansehen und die Eheschließung abhängig." [12]

Bei all diesen Grundsätzen und Forderungen handelt es sich keineswegs etwa
um nur außerhalb des Wedekindschen Dramas, nämlich in der zeitgenössischen
geschichtlichen Wirklichkeit gegebene Anschauungen und Beschreibungen,
deren Faktizität der Weltentwurf des Dramas natürlich ignorieren könnte.
Vielmehr erscheinen diese Prinzipien und Postulate gerade innerhalb des Dramas selbst als durchaus vorhanden und geläufig, Personen wie Berta und Fanny
beziehen sich auf sie, Launhart hält sie schon für verbraucht und allzu gängig.
Das wird noch genauer zu zeigen sein.

Die Art, wie jetzt Hetmann für diese Gedanken eintritt, so als wäre es ihm
immer schon hauptsächlich darum gegangen, ist etwas überraschend. Mir
scheint, daß sich einige Unstimmigkeiten in den verschiedenen Äußerungen
Hetmanns ergeben, die sich nicht weginterpretieren lassen. Nimmt man das
hin, so ist der Sinn der Szene im Zusammenhang des Gesamtvorgangs dennoch
erkennbar. Einerseits nämlich sucht Hetmann seine vorher von ihm verwor-
fenen Ideen jetzt einigermaßen zu rechtfertigen dadurch, daß er sie im — allerdings nicht genau erklärten — Zusammenhang mit allgemeinen Reformen der
Sexualmoral sieht, die er bejaht. War er als Propagator der Schönheitsmoral
im Irrtum, so ist er doch als Bekämpfer der herrschenden Sexualmoral im
Recht, auch wenn er dabei allerdings nicht originell ist und nur die Gedanken
anderer nachspricht. Andererseits erkennt er den Widerstand, den die Menschen nicht nur gegen seine Idee der Rassenzüchtung, sondern gegen jede notwendige Reform der Sexualmoral leisten. Sie wollen sich nicht „einer neuen
Denkungsart" anvertrauen und „das Bewußtsein eines gesicherten Besitzes"
dafür opfern (176). Die Frauen wollen Schönheit nur „als Mittel zum Zweck"
einsetzen, und die Jugend will nur „in sicherer Behausung" geborgen sein (177).
Nimmt man an, daß Hetmann diese Einsichten nicht nur im Kampf um seine
verfehlte Schönheitsmoral gewonnen hat, sondern als grundsätzliche Erkennt-
nisse ausspricht, so leuchtet ihre Geltung ein. Hetmann gibt in Andeutungen
eine Analyse der Zeitsituation, die man als Erkenntnis Wedekinds deuten kann;

(10) Mill, John Stuart: Die Hörigkeit der Frau. Aus dem Englischen übersetzt von
(11) Marx, Karl; Engels, Friedrich: Werke, Bd. 21. Berlin 1962, S. 77.
Jenny Hirsch. Berlin ³1891, S. 1.
(12) Bebel, August: Die Frau und der Sozialismus. Stuttgart ²³1894, S. 141.

auf sie ist das ganze Schauspiel bezogen. Die Menschen der Zeit wünschen einen Propheten als Heilsbringer, und sie brauchten auch einen solchen geistigen Führer, der eine Änderung der bestehenden Situation unternimmt. Aber diese Menschen sind dann doch nicht im Ernst bereit, Opfer für diese Erneuerung zu bringen, ein Risiko für sie einzugehen, sie bleiben an ihre Zweckorientierung gebunden, in ihren materiellen Interessen befangen, auf gewohnte Sicherheit bedacht. Nimmt man die vorangegangene Selbstkritik Hetmanns zu diesem Bild der Situation hinzu, also die Einsicht, daß eine gültige Heilslehre auch von dem Propheten Hetmann nicht gefunden wurde, daß ihm nur der Rückzug auf allgemein diskutierte Reformideen bleibt, so ergibt sich eine genau treffende und erhellende Analyse der Zeitsituation aus der Perspektive des für sie kennzeichnenden Prophetentums. Hetmann sagt abschließend: „Mein Geschick klage ich deshalb nicht an, weil mir nicht gelang, was auch sonst keinem gelang. Aber indem sich ergibt, daß alles in dieser Welt gar nicht anders sein kann, als so, wie es einmal ist, wächst ins Gigantische die Langeweile." (177 f.)

Es kam Wedekind offenbar auf diese Explikation der Epoche und ihres Prophetentums an, auch wenn sie sich nicht ganz widerspruchsfrei und in jedem Punkte folgerichtig aus Hetmanns Verhalten und Erfahrungen ergibt. Der Prophet und seine Lehre ist ebenso begehrt und erwünscht wie erfolglos und letztlich unwirksam, er ist ebenso notwendig wie unmöglich. Heilslehren werden verkündet und erweisen sich als unwirksam. Daß Hetmann mißlingt, „was auch sonst keinem gelang", trifft für die Propheten in der realen Welt völlig zu. Man braucht sich nur an ein paar Beispiele zu erinnern. Weder gelang George die Stiftung einer neuen Religion im Maximinkult, noch formierte sich die weltverändernde Schar militanter Katholiken, zu deren Bildung Derleth aufrief. Immer wieder wurde versucht, einen zunächst kleinen Bund als 'Keimzelle' allgemeiner Erneuerung anzukündigen, immer wieder mißlang das. Die ,Neue Gemeinschaft' der Brüder Hart begann 1900 mit etwa 70 Mitgliedern — darunter Gustav Landauer, Erich Mühsam, Peter Hille, Else Lasker-Schüler —, neue Formen des Zusammenlebens zu suchen.[13] Die Gruppe zerfiel schnell. Auch die allgemeine Umformung des 'sozialen Organismus', die Rudolf Steiner anstrebte, verwirklichte sich nicht. Die von Propheten gegründeten Bünde erhielten sich im Höchstfall als kleinere oder größere Sekten.[14]

(13) Vgl. dazu den instruktiven Aufsatz von Ernst Ribbat: Propheten der Unmittelbarkeit. Bemerkungen zu Heinrich und Julius Hart, in: Wissenschaft als Dialog. Studien zur Literatur und Kunst seit der Jahrhundertwende, hrsg. von Renate von Heydebrand und Klaus Günther Just, Stuttgart 1969.
(14) In einem Aufsatz, der mir nach Abschluß des Manuskriptes zur Kenntnis kam, fixiert Theodore Ziolkowski ein Phänomen, das diesem inhaltlos gewordenen Prophetentum ähnlich ist, nämlich die eines von jedem Inhalt entleerten Mythos in den zwanziger Jahren. (Der Hunger nach dem Mythos, in: Die sogenannten zwanziger Jahre, hrsg. von Reinhold Grimm und Jost Hermand, Schriften zur Literatur, Bd. 1, Homburg 1970, S. 190): „Es ist das Unheilvolle an dem Mythosbegriff der zwanziger Jahre, daß er nur mehr eine Struktur ohne Inhalt darstellt, ein Wunschbild: das heißt, er ist eher

Anzumerken ist allerdings, daß zwanzig Jahre später ein prophetischer Führer einen monumentalen Erfolg schlimmster Art erreichte. Das Potential an Heilsbedürfnis und Prophetenhoffnung blieb seit der Jahrhundertwende über den Ersten Weltkrieg hin erhalten und ist eine der Voraussetzungen für den Erfolg Hitlers, der übrigens seinen Weg in dem gleichen lokalen Milieu begann wie Hetmann, in den Sälen und Hinterzimmern von Münchner Bierwirtschaften.

Hetmann gewinnt im Gespräch mit Brühl nicht etwa den Glauben an seine eigentliche Lehre, die Schönheitsmoral, zurück. Diese ist abgetan, wird Gegenstand einer Dissertation, akademisch eingesargt und als „Hetmannismus", als geschichtliche Vergangenheit behandelt. Diese „Anerkennung" (196) empfindet Hetmann als Einschränkung seiner Freiheit, als Tyrannei, weil sie ihn festlegt.

Man könnte vielleicht meinen, daß Hetmann nun die Reform der Sexualmoral als neuen Inhalt seiner prophetischen Verkündung gelten lassen wolle. Aber das tut er nicht im Ernst. Denn es handelt sich ja nicht um seine eigenen Gedanken. Wenn er in seinem zweiten Vortrag die Jungfräulichkeit vor der Heirat als „schmachvolle Spekulation" angreifen will (190), so sagt er vorher zu dem erfolgssüchtigen Manager Launhart: „Was ich heute sage, hat seit Bestehen der Welt noch niemand ausgesprochen." (182) Das ist gänzlich unglaubhaft und kann nicht Hetmanns Überzeugung sein, nur großsprecherische Selbstreklame gegenüber dem Reklamechef. Gewiß wäre es denkbar, daß Wedekind sein Drama in einer Zeit vor dem Aufkommen der Frauenbewegung und moralischer Reformideen spielen ließe. Dann wäre es ohne Bedeutung, daß der Zuschauer die Reformideen Hetmanns längst kennen würde: in der fiktiven Welt des Stückes wären sie neu. Aber gerade das gilt nicht für Wedekinds Schauspiel, es spiegelt keineswegs etwa eine historische Situation, in der jene Reformideen noch nicht diskutiert wurden. Sie sind in der fiktiven Welt dieses Dramas bekannt, einzelne Menschen richten sich bereits danach. Als im ersten Akt Gellinghausen seine Verlobung mit Fanny entrüstet auflöst, weil er von ihrem vorausgehenden Liebesverhältnis erfährt, ist sie empört über dieses Vorurteil, das sie für rückständig und entwürdigend hält, auch wenn es natürlich bei weitem noch nicht allgemein überwunden war. Ein anderer Bewerber um ihre Hand hat jene Liebesbeziehung ohne weiteres akzeptiert. Sie fühlt sich erniedrigt durch Gellinghausens Reaktion. „Das also war die — Hauptsache an mir?! — Läßt sich eine — schmachvollere Beschimpfung für ein menschliches Wesen ersinnen? — als deswegen, um eines solchen — Vorzugs willen — geliebt zu werden!? — — Als wäre man ein Stück Vieh!" (145) Berta, die Frauenrechtlerin, sieht im Verhalten von Fannys Verlobtem einen Beleg für die Thesen der Frauenbewegung. „Aber deswegen wehren wir uns ja!" (146) Für die

eine negative Reaktion gegen den Rationalismus als eine positive Hinwendung zu etwas klar Erkanntem." Auch das Prophetentum Hetmanns läßt sich als eine solche leere Struktur sehen, als ein Wunschbild, dessen Funktion als notwendig empfunden wird, eine Möglichkeit ohne Wirklichkeit.